꿈꾸는 자 잡혀간다

:: 실천과 사람들

꿈꾸는 자

송경동 산문집

잡혀간다

실천문학사

:: 작가의 말을 대신하며

여기는 감옥, 나는 나비다

　유치장 생활도 벌써 6일째. 내내 잠만 잤다. 이틀 전 들어온 세관법 위반 관련 사내도 내내 잠만 잔다. 아직 인사도 못 해봤다. 어제 마지막 쫑파티를 하러 부산에 왔던 희망버스 '폐인'들은 모두 잘 돌아가셨는지 궁금하다. 구속영장도 떨어졌으니 나도 이제 다시 새로운 생활에 적응해가야 한다.
　사실, 나갈 수 있으리라는 희망 섞인 기대들도 있었다. 김진숙 씨와 그의 동료들도 크레인에서 내려왔고, 그동안 무지한 검경에 의해 체포 영장 집행과 구속영장 신청이 이어졌지만 모두 기각됐다. 주체들도 다 나오는데 연대했던 사람들이야, 하는 자연스런 생각들이었다.
　무엇보다 사태의 원인이었던 정리해고 문제가 충분하지는 않지만 사회적으로 그 부당함이 어느 정도 밝혀졌기에 희망버스 운동을 과도하게 탄압할 명분이 없어졌다는 판단도 있었다. 한진중공업 노사는 부속 내용으로 '희망버스 관계자들에 대한 민형사상 고소고발을 취하'한다고 합의했다.
　그런 분위기 때문인지 2011년 11월 15일 오전 11시, 5개월여에 이른 농성과 수배 상태를 접고 공개 기자회견 방식을 통해 밖으로 나섰을 때도 경찰은 아무런 대응을 하지 않았다.

우리는 너무도 평화롭게 서울역으로 이동해 고속열차를 타고 부산역에 도착했고, 우리를 환영해주러 나온 부산 희망버스 분들과 함께 오케이오병원에서 85호 크레인 농성자들과 상봉 후 부산 영도경찰서로 향했다. 그 뻘쭘함이라니.

이렇게 평화로울 일을 몇 달 동안 '체포'하겠다고 벼른 까닭이 뭔지가 의문이었다. (공지영 작가와 백원담 교수는 부산역에서 우리를 낚아챌지 모른다며 열차 내리는 곳 바로 앞까지 나왔다. 그 따뜻함에 감사드린다.)

그러나 역시 기대는 금물. 검찰은 출두 당일 기자회견 자료까지 들이대며 나와 진보신당 비정규노동실장인 정진우 씨를 잡아넣기 위해 혈안이 되어 있었다. 내보내주면 다시 희망버스를 타고 쌍용차로 갈 사람들이라고, 문제가 해결이 되었는데도 19일에 희망버스가 오고, 다시 그 자리를 승리대회로 만들 사람들이라고 왜곡하기도 했다.

19일은 그간 고생했던 크레인 농성자들, 한진중공업 노동자들과 희망버스 승객들이 수변공원에 모여 마음과 음식을 나누자는, 그야말로 집회도 시위도 아닌 평화로운 사람들이 만나는 마당일 뿐이다.

무엇보다 우리가 나갈 수 없는 까닭이 쌍용자동차로 희망버스 승객들이 가주면 좋겠다는 발언 탓이었다는 게 가슴 아프다. 간 것도 아니고 가자고 한 얘기 정도가 구속 사유가 되는 것도 그렇고, 19명이라는 희생자가 나온 사회적 조문의 장소를 언급했다는 게 무슨 법적 제재의 대상이 되는 것도 웃기다.

『한겨레신문』과 『경향신문』 등 일부 언론들에서는 아예 대놓고 희망버스는 쌍용으로 가야 한다고 쓰고 있다. 트위터리안들은 한 달여 전부터 도배 수준이다. 이렇게 희망버스 배후들, 기획자들의 폭은 넓어졌다. 더더욱 희망버스에는 수만여 명의 승객들이 자발적이고 주체적으로 탑승했기에 누구만이 운전사요, 기획자며, 어떤 이들은 지시와 동원의 대상이었다고 말할 수 없음에도 자꾸 무슨 조직 사건 만들 듯이 있지도 않거나 보편적이고 일상적인 일이나 관계를 부풀리고 왜곡하는 것도 받아들일 수 없다.

내가 아니면 기획단의 몇몇 '깔깔깔'들이 맘 좋게 내가 다 조직했고, 지시했고, 동원했으니 '독박' 쓰겠다고 해서도 안 되는 운동인 것이다. 특히나 한 개인의 구체적인 혐의에 대해서도 아직 그 법적 논거를 다투지 않은 상태에서 희망버스 전체를 무슨 범죄단체라도 되는 양 함부로 얘기하는 것은, 그리고 그 참여 여부가 걱정되기에 구속영장을 발부한다는 것은 최소한의 인권과 법리조차 망각한 반헌법적 행위인 것이다.

아무튼 이래저래 다시 얼마 동안은 국민 세금을 축내며 부산의 구치소 신세를 져야 하나 보다. 생각해보니 지난 몇 년 동안 집이 따로 없었다. 병원이거나 요양지이거나 농성장이거나 수배처이거나……. 이젠 더는 갈 곳이 없어 빵이 거처가 되는가 보다. 뭐 별 특별한 일도 아니다.

"대공분실 세 번 가고, 징역 두 번 살고, 수배 5년 지내다 보니 머리 희끗한 쉰셋이 되어 있더라"는 저 '김진숙'도 있지 않는가. 새도 둥지를 틀지 않는 35미터 철 구조물 위에서 309일을 살다 내려와야 하는 새로운 인류도 있지 않는가.

이렇게 슬프고 가혹한 일도 '승리'라고 눈물 콧물 찍찍 흘려야 하는 우리, 가파른 삶들을 생각하면 별 힘든 일도 아니다. 지금도 '전쟁 같은 밤일'을 치러야 하는 무수한 노동하는 삶들, 최소한의 존재 조건도 얻지 못한 채 '비정규직'이라는 신종 노예의 꼬리표를 달고 살아야 하는 900만의 사람들과 그 가족들을 생각하면 특별히 가혹한 일도 아니다.

오히려 슬픈 것은, 다시 한순간의 아름다웠던 순간들이 지나갔고, 그 시간 동안 더 충분히 아름답고 사랑스러울 수 있었을 많은 순간들을 놓치고 왔다는, 반성과 후회. 모두의 일이라는 집단논리로 어떤 한 소중하고, 여리고, 살아 있는 가슴들을 죽인 적은 없었나. 작고 옅고 소박한 참여가 어떤 이에겐 최선임에도 그것을 함부로 하진 않았나.

결과라는 한 길에 빠져 과정이라는 수만 갈래의 길을 무시하진 않았을까. 왜 웃으면서 할 수 있는 일을, 충분히 양보하거나 나눠서도 할 수 있는 일을 무겁고 어렵게 했을까. 오만 가지 안타까웠던 순간들이 아쉽고, 아깝다.

답답하긴 하지만 갇혀 사는 것도 다르게 생각해보려 한다. 도대체 나는 지금 어디에 갇혀 있고, 어디에서 자유로운가. 따져보면 눈앞의 현상과는 전혀 다른 진단이 나온다. 내가 아직도 답답한 건 지금 눈앞에 있는 이 무지한 철창 몇 가닥 때문이 아니다. 돌이켜보면 이곳은 오히려 내 해방터이고, 과분한 수양처이고, 잠깐의 휴식처이다.

지금 내가 혹독하게 갇혀 있는 감옥은 '나'라는 이 지지리도 못난 에고의 감옥이다. '너'라는 집착의 무덤이다. 현상 앞에서 늘 본질적 물음들을 후퇴시키는 삶의 보수주의이고, 내 안에 도사린 어떤 역사와 진보에 대한 패배의식이다. 결코 깨끗하게 털어내버리지 못하고 음습한 내 영혼이 기숙처로 삼는 이 뿌리 깊은 자본의 문화, 가부장제의 문화이다.

실상 내가 자유롭지 못한 것은 이런 일상의 달콤한 감옥으로부터 탈출을 감행하지 않기 때문이다. 일탈을, 다름을, 전복을 꿈꾸지 않기 때문이다. 오히려 그 문 앞에서 나의 탈출을 게으름과 미련으로 막고 있기 때문이다.

나는 이 일상의 감옥을 부숴야 한다. 내 의식을 꽁꽁 묶어두고 있는 이 무지를, 게으름을, 관습적 틀을, 두려움을 깨부숴야 한다. 이렇게 생각하고 나니 마음이 순해지고 편해진다. 그래서 구속이다, 아니다로 그들이 묶을 수 있는 것은 미안하지만 단 한 가지도 없다.

오히려 이 시간들이 고맙고 감사하다. 그들은 내게 더 문화적으로 단련될 수 있는 시간을, 인간적으로 더 성숙할 수 있는 시간을 주었다. 이미 내 꿈은 이 세상의 것이 아니어서도 그렇지만, 이런 단순 감옥으로는 묶을 수 없게 나는 벌써 다양한 역사적·사회적·문화적 시공간들 속에 무한히 열려 있다.

처음으로 돌아오자면 희망버스가 계속 달리자고 하는 한 나는 아마도 이곳에 잡혀 있어야 하나 보다. 그래도 나는 좋다. 희망버스가 첫 마음처럼 가볍고 경쾌하게, 무슨 정연한 논리와 정세가 아니라 사람들의 뜨거운 마음으로 연료를 채워 쌍용으로 재능으로 콜트-콜텍으로 현대차 비정규직 현장 등으로 씽씽 달리면 좋겠다.

　무엇을 해결해야 한다는 부담이 아니라, 연대가 필요한 곳에 연대하러 가는데 무엇이 더 필요하냐는 그 간명한 마음들이 살아나면 좋겠다. 정리해고와 비정규직 없는 세상을 만들자는 게 무슨 죄냐고 무슨 잘못된 일이냐고, 그리고 그게 무슨 그리 큰 어려움이냐고……. 국민의 1퍼센트도 안 되는 재벌들이 독점하고 있는 99퍼센트의 사회적 자산들이 원래의 사람들 몫으로 나눠지기만 해도 되는 거 아니냐고, 현대 민주주의가 그나마 실험된 게 몇백 년인데 계속 이런 내용적 봉건영주들의 시대를 가만히 놔둘 거냐고……. 이런 세상을 놔두고 어떻게 우리 아이들에게 더하기, 빼기의 단순 정의를 가르치고 도덕을 얘기할 거냐고 사람들이 마구 얘기하면 좋겠다. 희망버스를 출발시켰던 우리 지역에서만큼은 다시는 조남호 같은 이들이 없게 만들겠다는 지역 희망의 연대운동들이 만개하면 좋겠다.

　아, 이런 좋은 꿈들을 꾸다 보니 갇혀 있다는 생각이 전혀 들지 않는다. 정리해고와 비정규직화는 어쩔 수 없다는 이 시대의 감옥에서, 모든 억압과 좌절의 감옥에서 더 많은 사람들이 나비처럼 훨훨 날아 나오는 꿈을 꿔본다.

2011년 겨울
송경동

| 차 | 례 |

작가의 말을 대신하며　　여기는 감옥, 나는 나비다　4

1부.　　**꿈 꾸 는　청 춘**

　　5월 어느 푸르던 날　15
　　그 잡부 숙소를 잊지 못한다　20
　　깡패 큰아버지 잘 가시라　27
　　아버지의 자리　33
　　봉분 없는 무덤　37

2부.　　**가 난 한　마 음 들**

　　어느 비정규직의 사랑 이야기　45
　　동생의 행운목　52
　　사우나 가는 길　61
　　크리스마스에 사라진 아이들　68
　　한 무명 시인의 죽음　78

3부.　　**이 상 한　나 라**

　　나의 모든 시는 산재시다　93
　　굿 모닝, 우리는 오늘도 안녕한가　102
　　이 땅에선 꿈꾸는 자 잡혀간다　106

울릉도에 기증된 기타의 진실　128
추도시 낭송이 폭력시위 조장?　139

4부. **잃어버린　신발**

대추리에서 보낸 한철　153
누가 황유미를 죽였나요　176
작은 코뮌, 기륭　185
시대의 망루, 용산　195
내일로 가는 닥트공　205

5부. **CT85호와　희망버스**

김진숙과 '85호 크레인'　217
희망버스를 지켜주세요　237
세상에 없던 버스들이 온다　245
어머니의 희망버스　254
희망의 근거　261

1부. 꿈 꾸 는   청 춘

고등학교 2학년 여름 무렵. 친구들과 외나로도로 가는 배를 탔다. 그때도 그랬지만 지금도 고기를 잡는 어부가 꼭 한 번은 되고 싶다.

5월 어느 푸르던 날

고교 시절 하늘이 눈부시도록 푸르던 어느 토요일. 청소를 하며 송사리 떼처럼 책걸상 사이를 오가던 아이들이 일순 잠잠해졌다. 스피커를 타고 나오는 전교 방송 내용이 왠지 급하고 심상치 않았기 때문이다.

"다음 호명하는 학생들은 이 방송을 듣는 즉시 한 사람도 빠지지 말고 학생과장실로 오기 바란다. 3학년 ○반 ○○○, 3학년 ○반 ○○○, 2학년 ○반 ○○○……."

거기 내 이름도 들어 있었다. 직감적으로 나쁜 예감이 들었다. 학생주임의 목소리에는 노여움과 함께 까닭 모를 초조함과 긴박함이 서려 있었다.

불려간 애들은 모두 학교 문예반이었다. 도무지 학생과장실로부터 호명을 받을 만한 일과는 거리가 먼 착하고 예의 바른 모범생들이었다. 그러나 나는 당시 그런 착한 무리에 섞여 있는 것이 무척이나 미안한 문제아였다. 학창 시절 내내 자괴감과 열등감에 사로잡혀 있던 나는 자신을 학대하는 한 방편으로 불량 학생의 길을 걷고 있었다. 그래서 무슨 무슨 학원 폭력 서클의 일원 정도로 그 자리에 서야 어울릴 법한 학생이었다. 쉬는 시간 화장실에서 담배를 피우다 잡히거나 땡땡이치고 나가 학교 앞 당구장에서 잡혀 들어오거나 옥상에 올라 학교 담장 너머 일신방직 여공들에게 쪽지 편지를 날리다 잡혀 들어오는 게 맞는 학생이었다. 그런데 문예반이라니. 나는 오히려 그 자리가 쑥스러워 미칠 지경이었다.

불려간 학생과장실은 팽팽한 긴장이 감돌았다. 웬만한 일로는 교실 안에서 체벌로 끝나지 학생과장실까지 불려오지는 않을 일이었다. 모여 있는 선생들의 면면만 봐도 그러했다. 학생과장과 교감선생, 그리고 미술선생과 문예반 담당 여선생이 죄인처럼 그 자리에 불려왔다.

취조(?)는 교감선생이 직접 담당했던 것으로 기억한다. 요지는 '누가 주동이었으며, 왜 이런 일을 계획하게 되었는지, 배후에서 누구의 조종을 받은 적은 없는지, 자금은 어떻게 마련했는지' 등등이었는데, 우리는 도무지 왜 그런 질문을 받아야 하는지 알 수 없었다. "누굴 죽이려고 작정했어. 이 개새끼들아"라는 말을 우리가 왜 들어야 하는지 알 수 없었다. 귀싸대기를 올려치는 그 무수한 손바닥을 왜 우리의 가냘픈 뺨들이 받아야 하는지 알 수 없었다. 우리는 단지 화창한 봄을 맞아 근처 어린이대공원에서 광주 시내 인문계 고등학교 문예반 친구들과 더불어 시화전을 준비했을 따름이다.

그때 처음으로 검열이라는 것을 당해보았다. 두 달여 전부터 몇 번의 모임을 가지며 미술반 친구들이 정성스레 그려준 시화들은 몰수당했고, 우리가 쓴 시들은 모아져 문예반 여선생의 책상 앞에 놓였다. 평소 낭만적인 음성으로 우리 앞에서 시를 읽어주던, 문학의 영원한 향수를 논하던 그 여선생은 더 이상 우리 편이 아니었다. 우리는 왜 그가 우리를 적으로 규정하고, 눈물을 흘리며 우리에게 증오의 언사를 퍼붓고 분노를 표하는지 알 수 없었다. 우리는 그를 속일 생각도, 그의 직장을 빼앗을 생각도 없었다. 단지 우리는 그 나이 때 대부분의 청소년처럼 약간의 낭만과 염세주의 사이를 넘나들며 제 스스로가 얼마나 푸르른 나이인지도 모르는 철부지 고교생이었을 뿐이다.

질문은 모두 오독투성이였다.

"여기에서 '피'는 무슨 뜻이지? 왜 '광주천' 물을 붉다고 표현한 거야? 왜 넌 날개를 달고 이 땅을 벗어나고 싶은 거야?"

우리는 왜 그 많은 고차원의 질문들이 필요한지 알 수 없었지만 선생의 질문을 통해 오히려 어렴풋하게나마 그 배후를 짐작해볼 수 있었다.

"너희들 광주사태 얘기 들어본 적 있지?"

"예."

"그런데 왜 이런 일을 했어."

종잡을 수 없었지만 우리는 우리의 잘못이 단지 우리의 잘못이 아닌 시대의 잘못임을 알았다.

그 '사건'으로 3학년 선배 두 명이 무기정학을 받았고, 2학년 동료 둘이 유기정학을 받았다. 그중 늘 서늘한 기운을 그림자처럼 몸에 배이게 하고 다녔던 한 선배는 까닭을 말하지 않은 채 자퇴를 한 후 학교를 떠나버렸다. 문예반은 유야무야 돼버리고 이따금 가보아도 더 이상 기운이 느껴지지 않았다.

나는 그 초여름과 가을, 그리고 다가온 겨울까지 시름시름 앓곤 했다. 위악스럽게 자신을 학대하며 불량으로 향하던 내게 문학은 사실 딱 하나 남은 구원의 장이었다. 내가 나를 사랑해줄 수 있는 딱 하나 남은 공간이었다. 그 공간을 까닭도 모른 채 빼앗긴 나는 더욱 극단의 탈선과 어둠 속으로 나를 내몰았다. 내 삶에 대한 사랑을 표현하는 방법이 어떠해야 하는지를 몰랐다. 내 운명이 타고난 것이 아니라 사회적 관계 속에서 재조직된다는 것을 미처 몰랐다. 더더욱 내 운명을 바꾸려는 노력이 결국엔 이 사회구조를 바꾸는 일로까지 나아가야 하는 일임을 알 수 없었다.

그렇게 잃어버린 문학을 다시 찾기까지는 긴 시간이 지나야 했다. 그 기간 동안 나는 이 사회로부터 더 많은 검열과 체벌을 받아야 했다. 승리한 사람들보다 낙오된 수많은 사람들을 만나야 했고, 그들이 일상적으로 안고 사는 슬픔과 아픔을 만나야 했다.

그 상처들이 하나하나씩 쌓여 내 마음속에 종유석처럼 단단한 말의 뿌리들이 생겨나기 시작했다. '문학이 아닌 문학'을 이제 해볼 수 있겠다는 생각이 드는 순간, 나는 다시 글을 써보고 싶었다. 시인이 되고 싶어서 선택한 것이 아니라, 어떤 말들이 내 눈 밖으로 튀어나왔다. 어떤 말들이 내 입 밖으로 쏟아져 나왔다. 어떤 말들이 움켜진 주먹처럼 내 안에서 뻗어져 나왔다. 세계가 내 몸을 타자기로 삼아 제 이야기를 두드렸다. 더 이상 내 몸은 나만의 것이 아니었다. 이 세계가 내 몸에 자신의 구조와 상처를 깊이 새겨두었다. 그 상처를 말함은 그래서 내 이야기만이 아닌 우리의 이야기를 하는 것이 되었다.

그때의 나처럼 시와 노래를 꿈꾸는 푸른 청춘들이 있을 줄 안다. 그들에게만은 상처가 문학의 근원이 되는 일이 없기를 기원해본다.

그 잡부 숙소를 잊지 못한다

이제 갓 소년티를 벗은 청년이 있었다. 청년의 직업은 일용공이었다. 서울 하늘 아래 오갈 데 하나 없던 청년은 청계천2가 공구상가 뒷골목, 어느 허름한 잡부 숙소에 몸을 기대며 살고 있었다. 새벽이면 가방을 들고 골목 안쪽에 있는 인력소개소로 나가 출석 체크를 한 후 장닭도 되기 전에 병에 걸린 중닭마냥 자울거리며 앉아 있었다.

조금이라도 늦으면 일이 배정되지 않았기에 새벽 5시경부터 좁은 사무실 안쪽은 가방 하나씩을 껴안은 사람들로 북적거렸다. 6시면 벌써 하루 일 배정이 다 끝났다. 일 배정을 받은 사람들은 쪽지 한 장을 받아 쥐고 삼삼오오 길을 나섰다. 7시부터면 일을 시작해야 하기에 바쁜 걸음이었다.

일을 받지 못한 날은 힘이 쭉 빠졌다. 하루 벌어 하루 먹는 생활이기에 타격이 컸다. 생활의 타격보다 일조차 할 수 없는 인생이라는 설움이 자학의 늪으로 청년을 끌어당겼다. 그런 날이면 청년은 텅 빈 잡부 숙소에 누워 종일 몇 번씩이고 자위를 하곤 했다. 어떤 땐 허물이 벗겨진 그곳에서 핏물이 배어 나오기도 했다.

어디로 가나. 때 전 이불은 청년이 그곳에 오기 전부터 벌써 몇 달째 빨지 않은 상태였다. 베갯잇은 새까맸고, 벽지에는 누런 곰팡이가 여기저기 피어올라 있었다. 그래도 몸을 누일 곳이 있다는 것은 다행이었다. 일만 다닌다면 몇 개월이라도 지낼 수 있는 곳이었다.

함께 방을 쓰던 이는 몇 살 터울 위였는데, 이른 나이에 벌써부터 약봉지를 끼고 살았다. 기관지 천식약이라고 했지만, 나중에 알고 보니 결핵약이었다. 결핵 환자와 한방을 쓰고 살았다니, 청년은 자신을 속인 그에게 무척이나 화가 났지만 그땐 이미 늦었다. 그는 다시 지방으로 내려가기로 한 전날 밤에야 그 사실을 고백했다.

방을 같이 쓰던 이의 본업은 날일보다는 노름이었다. 그는 일명 타짜였다. 어려서 부모를 잃고 고아가 되어 산전수전 다 겪는 과정에서 배운 기술이라고 했다. 당시 일을 나가던 인력소개소에서는 청년 같은 부평초들을 위해 여인숙 방을 장기 세놓고, 몇 명씩 함께 달방을 쓰도록 알선해주고 있었는데, 저녁마다 술판이었고 노름판이었다. 그는 그런 노름판에 슬며시 끼어들어 저녁마다 돈을 몇만 원씩 따왔다. 한꺼번에 많이 따버리면 의심을 받게 된다고 했다. 누가 따도 따게 되는 것이니 잃은 사람들도 억울할 것 없다는 얘기였다.

그래도 일은 꾸준히 나갔다. 한 달에 20일은 일을 다녀야 사람들이 의심하지 않는다는 것이었다. 어느 날 싫다는 청년을 앉혀두고 그는 몇 가지 기술을 보여주었다. 두 눈 부릅뜨고 보는데도 그가 어떻게 패를 바꾸는지, 어떻게 윗패가 아닌 맨 밑바닥 패를 꺼내는지 알 수 없었다. 그는 자신이 잡고 싶은 패를 자유자재로 만들 수 있었다. 용돈벌이 이상은 된다며 몇 가지 기술을 가르쳐주겠다고 했지만 청년은 한사코 마다하고 말았다. 자신과 함께 판에 끼면 하루에 몇만 원씩은 벌게 해주겠다고 했지만 청년은 도통 심드렁한 마음뿐이었다. 몇 방 되지 않는 잡부 숙소에서 챙길 만한 돈이라는 것도 뻔했다.

그는 잡부 숙소 사람들의 호주머니 바닥이 가뭄처럼 말라붙을 때쯤 다른 터를 찾아 지방으로 갔다. 떠나는 그의 가방에는 백 몇십만 원쯤 되는 돈다발 하나가 들어 있었다. 그는 청년과 헤어지는 게 못내 서운했나 보다. 술과 싸움과 노름뿐인 판에서 늘 책을 읽고 글을 끄적이던 청년이 그에게는 특별났던 모양이었다. 그는 빨리 이런 판을 벗어나 작가가 되라는 진심 어린 당부를 남기고 떠났다.

일은 대개 건축공사장 일이었다. 어떤 날은 토목이었고, 어떤 날은 목수 대모도(보조공), 어떤 날은 조적이나 설비 대모도였다. 질통을 짊어지거나 방통을 치거나 공구리를 치거나 전선을 끌고 다녀야 했다.

잡부들에게는 가장 지저분하고, 가장 힘겨운 일들이 남겨져 있었다. 청년은 그런 일을 하는 자신이 소나 말이 되는 기분을 종종 느꼈다. 하루 종일 말없이 골재를 옮기다 보면 인격이 아닌 체력으로만 존재를 인정받게 되는 자신이 서글펐다.

잡부들에게는 목장갑 하나도 지급되지 않았다. 새참을 주는 곳이 있는 반면 알아서 사 먹어야 하는 곳이 대부분이었다. 새참을 먹게 되는 아침 9시 무렵까지가 가장 힘든 시간이었다. 아침을 거른 채 고된 일을 하다 보면 손끝이 달달 떨리고 다리가 후들거렸다. 그러다 따뜻한 라면 국물 하나를 들이켜고 나면 비로소 몸에 근력이 조금 붙었다. 김치라도 좀 주면 좋으련만 함바집들은 늘 짠 단무지 몇 조각이었다. 그마저도 사실 행복이었다. 함바집이 따로 없는 작은 건설 현장에서는 카스텔라 빵 하나와 우유 하나가 전부였다. 시원한 우유맛이 싫진 않았지만, 점심나절까지 그 힘으로 버텨야 한다고 생각하면 머리가 어질어질했다.

제일 힘든 일은 곰빵과 질통이었고, 제일 위험한 일은 닥트일이었다. 모래와 시멘트를 이긴 공구리를 한 짐 가득 지는 질통일과 벽돌을 가득 쌓은 곰빵틀을 메고 높은 계단을 하루에도 수백 번씩 오가는 일은 가히 수도하는 마음이 아니고서는 참기 힘든 고행이었다. 수십 미터 허공 위 뻥 뚫린 천장 안을 기어 다니며 하는 닥트일은 하루에도 몇 번씩 가슴이 졸아드는 위험천만한 일이었다.

그렇게 해서 청년이 하루 버는 돈은 3만 원이었다. 3천 원의 소개료를 떼고, 장갑값과 새참값, 차비 등을 떼고 나면 2만 3천 원 정도가 남았다. 어둑어둑해질 무렵 잡부 숙소로 돌아와 공동수돗가에서 씻고 나면 저녁밥을 먹으러 나섰다. 일을 나가지 않은 날은 라면으로 때우곤 했지만, 일을 다녀온 날은 꼭 기력을 보충해야만 했다.

청년은 주로 반계탕 집을 찾았다. 반계탕은 삼계탕의 아류로 큰 폐계를 4등분한 닭고기가 삶아져 나왔다. 진땀 흘린 하루의 노동을 벌충하려면 아무래도 기름기가 들어가지 않으면 안 되었다. 소금과 후추를 잔뜩 넣고, 파도 듬뿍 넣고, 반찬그릇을 다 비우며 반계탕 한 그릇을 먹고 나면 비로소 온몸에 기운이 다시 차오르는 것을 느낄 수 있었다. 가끔 잔술로 소주를 두서너 잔 깔끔히 비우던 때도 있었다. 그런 날이면 괜스레 더 울적해져 누군가에게 전화라도 걸어보고 싶어 공중전화 박스 주변을 오래 서성이기도 했다. 하지만 늘 걸 곳이 마땅치 않았다. 외로워 밤늦게까지 긴 일기를 쓰기도 했고, 누군가에게로 보내는 시를 적기도 했다. 늘 수취인 불명의 아득함이 가슴을 저미게 했다.

그런 청년의 보따리 생활은 오래 이어졌다. 어떤 땐 따로 숙소를 잡지 못해 골조가 올라간 공사장 지하층에 스티로폼을 깔고 자기도 했다. 큰 옷 보따리 하나만이 청년의 친구였다. 대개는 공사장 함바였다. 어떤 곳은 널빤지로 잇댄 간이숙소이기도 했고, 좋을 땐 컨테이너였다. 좋은 친구를 만나면 그의 자취방에 얼마간 기대 있을 수도 있었다.

이렇게 동가식서가숙 떠돌이 생활을 하다 2년여가 지난 후 간신히 서울 하늘 아래 보금자리 하나를 얻었다. 보증금 50만 원에 월세 8만 원. 저녁에 들어갈 때면 두 눈을 꼭 감고 전기 스위치를 올려야 했다. 지하방에 들끓는 바퀴벌레와 날벌레가 제자리를 찾아 숨기까지 시간이 필요했다. 가끔 수챗구멍을 밀고 올라오는 뒤룩뒤룩 살찐 쥐와 눈이 마주치지 않으려면 시간이 필요했다. 그런 방이었지만 무척이나 행복했다. 낯모르는 사람들과 함께 써야 했던 잡부 숙소, 함바를 벗어나 혼자만의 방을 갖게 된 것이었다. 그곳에서 청년은 자신과 함께해왔던 그런 밑바닥 사람들의 삶을 시로, 글로 적기 시작했다. 조금은 삶과 사회가 고루 행복해지는 순간들을 그렸다.

십수 년이 흘러 이제 청년은 마흔을 넘은 장년이 되었다. 귀여운 아이와 착한 아내와 더불어 좁고 빛이 잘 들지 않지만 아늑한 전세방도 하나 얻었다.

청년은 자신이 꿈꾸던 시인도 되었다. 널리 촉망받지는 못하지만 가끔은 지면도 얻었다. 종종 선생님이라는 말도 들었다. 연장 가방이나 작업복 가방이 아닌 조그마한 책가방을 메고 다닌다. 모든 게 그나마 안정을 이룬 듯하다.

장년이 된 청년은 지금도 그때의 일을 적어보곤 한다. 잘 있니? 그 잡부 숙소는 가끔 들려보니? 그때의 사람들은 모두 안녕하고? 결핵은 다 나았나요? 언제나 우리는 다시 만날 수 있을까요?

물론 지금도 수취인 불명의 편지다. 청년의 벗들은 지금도 일정한 주소지를 갖지 못한 일용공이거나 노숙자거나 빈민들이다. 그들을 향해 수없이 많은 편지들을 지금도 청년은 쓰고 있지만, 그 편지들은 잘 전달되지 못한다. 그의 글을 읽어주는 사람들은 전혀 다른 사람들이기 때문이다. 그럴 때마다 청년은, 장년은 서글퍼진다. 노년이 되어서도 이런 편지를 써야 할까.

장년이 된 청년은 가끔 이건 아닌데, 이런 건 아니었는데 하며 그때를 돌이켜본다. 쓰라리고 아팠지만 그때만큼 해방을 향한 꿈으로 간절했던 적이 없었다고.

나

는

아직도 그 잡부 숙소를 잊지 못한다.

깡패 큰아버지 잘 가시라

 부평초처럼 떠돌다 말년엔 고향 근처 여수에 터를 내리고 살던 큰아버지가 돌아가셨다고 한다.
 '깡패 큰아버지'. 어릴 적부터 우리 형제들은 자연스럽게 그를 그렇게 불렀다. 어머니는 그를 원수처럼 생각했다. 헌병대를 나와 다른 일자리 없이 백수건달로 떠다니던 그는 언제고 불쑥불쑥 동생네 집으로 찾아들어 돈을 집어 갔다. "나가 누군지 알고 감히?" 하며 어머니를 걷어차기도 했다.
 읍내에서 하던 장사가 망해 아버지가 서울로 일거리를 찾아본다고 간 사이 그는 집으로 들이닥쳐 그나마 남은 외상장부를 내놓으라고 난리를 쳤다고 한다. 그거라도 수금을 해서 어린 자식들을 먹이려 했던 어머니는 안간힘으로 장부를 품에 안고 버텼지만 대로에서 배를 걷어차였다고 했다. 선산을 팔아먹은 것도 그였다고 했다.
 그는 늘 말끔한 신사였다. 읍내 장터에 동백기름을 바른 머리를 훤하게 넘기고 양복을 말끔하게 차려입은 그가 들어서면 세상이 훤해지는 것 같았다.

그는 조선팔도에 가보지 않은 곳이 없는 듯했다. 몇 년이 지나 한 번씩 나타날 때면 한 여자를 앉혀놓고, 너희의 새 큰엄마라고 호기를 부리곤 했다. 어김없이 어머니를 뺀 아버지와의 독대가 이루어졌고, 그가 가고 나면 집안이 또 한차례 뒤집어지곤 했다.

그에게 내 아버지는 참 말 잘 듣고 우애 좋은 동생이었다. 어머니는 늘 '착한 내 동생이 과분한 줄도 모르는' 저런 나쁜 년, 건방진 년이었다. 한번쯤은 몽둥이로 그의 등을 후려치거나 짱돌로 뒤통수를 처버리고 싶었지만 읍내 어떤 건달보다 기세가 등등한 그의 완력이 두려웠다. 그는 우리 식구 모두를 죽이고도 남을 만한 성정의 사람으로 비쳤다.

하지만 그런 그도 조금씩 늙어가기 시작했다. 그는 언제부터인가 더이상 과거처럼 당당하지 못했다. 그전처럼 행색은 말쑥하되 언제나 팔 물건을 가지고 왔다. 그를 통해 들여놓은 '세계문학대전집'과 '한국문학대전집'이 찬장의 그릇들을 대신해 꽂히게 되었다.

돈을 요구해도 여름철 해수욕장에 자리를 하나 얻어 수박 장사를 하게 되었다든가, 아이스케키 장사를 하게 되었는데 금세 돈이 될 테니 밑천을 꿔달라는 이야기였다. 어머니에 대한 태도도 조금씩 달라졌다. 왜 그리 야박하게 구냐고, 제수씨 그래도 내가 왕년엔 말이지…… 식의 애원조였다.

여전히 동백기름을 바른 기름진 머리에 날이 선 양복을 입고 나타났지만 그 얼굴만은 조금씩 지쳐 보였고 어두워 보였다. 그는 한 번도 정착해보지 못한 부초였다. 역마살 낀 떠돌이의 운명. 그가 아무리 왕년을 이야기해도 그 나름의 뿌리가 느껴지지 않았기에 허황되어 보였다.

그렇게 세상을 떠돌고 돌다 육십이 다 된 나이에 마지막으로 그가 정착한 곳이 고향 근처 바닷가 여수였다. 나도 이젠 부두 노동자로 노동을 하며 건강하게 산다고 언젠가 그가 이것 좀 보라며 검어지고 튼 손마디를 보여주던 애잔한 광경을 기억한다.

여수에서 그는 식당에서 일하는 한 아주머니를 만났다고 했다. 그가 내가 알고 있는 마지막 큰어머니가 되었다. 우리가 살던 벌교나 순천까지는 한 시간 이내 거리였지만 우리는 다시 그 큰어머니를 만나지 못했다. 친척들은 모두 안도의 한숨을 내쉬었다. 말년에 혼자된 그가 모두에게 늘 짐이었던 것이다.

딱 한 번 어느 겨울, 그가 자신의 의붓아들이라며 한 어린아이를 데려온 적이 있었다. 그도 사람이어서 그 아이에게 사촌들을 만들어주고 싶다는 마음에서였다. 하지만 이미 물과 기름처럼 섞일 수 없는 세월의 앙금은 우리로 하여금 그 작은 아이를 편안하게 맞아들일 수 없도록 했다. 하루 온종일 고아마냥 그늘져 집 근처를 배회하던 아이의 모습이 지금도 눈에 밟힌다. 어떻게든 마음을 풀어주고 싶었지만 가슴속에 건널 수 없는 강물이 흐르는 듯 차고 서늘했다. 건널 수 없는 강이 야속하기도 했지만 그게 우리 사는 모양새인가 보다.

1년에 한두 번 명절날 그를 만날 수 있었다. 이제는 모두가 떠난 고향 벌교, 선친들의 묘소 앞에 가면 새벽밥을 일찍 먹고 출발해 온 그가 하나밖에 남지 않은 남동생인 내 아버지를 기다리고 있었다. 세월의 앙금을 잊고 우리도 반갑게 인사를 드렸지만 그것 역시 1년에 한두 번만 그곳에서 만난다는 전제하에서였다.

한국전쟁에 참전했던 참전용사라는 이유로 말년에 용케도 들어가기 힘들다는 아파트 경비일을 맡아 하고 있다며 늦게나마 조카들의 신임을 받고 싶어 하던 그의 나약해진 말투와 얼굴이 가끔씩은 애잔하기도 했다. '인간은 누구나 자신에게만은 진실이며'라는 글귀가 떠오르고, 더럽고 지저분한 세상에 비해 일찍 힘을 잃어버린 그의 개인사적 불행이, 왕년이 안타깝기도 했다. 그는 견고한 이 사회의 윤리에 부딪혀 좌절하고 일찍(?) 반성했지만, 그를 그렇게 부초로 만든 세상은 반성하지 않았기 때문이다.

뒤늦게야 그가 두 번씩이나 군대를 갔다 왔다는 이야기도 들었다. 한국전쟁에 참전했다 돌아온 그는 군대 가기를 기피하고 있던 자신의 형을 대신해 군대에 다시 갔다고 했다. 지금 같으면 꿈도 못 꿀 이야기인데 옛날엔 그런 게 가능했다고 한다. 두 번의 군대 생활 동안 그는 포악해질 대로 포악해져 정상적인 사회생활이 힘들었던 것이다.

그런 그가 죽었다는 이야기를 전해 듣고, '큰아버지' 하고 한 번 되뇌어보았다. 한 번도 다정해본 적이 없는 사람. 나도 나지만 형을 잃은 아버지의 마음이 어떤 것일까 생각되었다. 아버지는 한 번도 그(깡패 큰아버지)를 설명하려 들지도, 옹호하려 들지도 않았다. 그가 버겁거나 무겁다는 이야기도 하지 않았다. 가끔은 참 이해할 수 없는 속이란 생각도 해보았다.

물론 그 '깡패 큰아버지'의 화려하지 못했던 왕년을 마음속으로 이해하고 용서한 지는 이미 오래되었다. 그처럼 배운 것 없고, 정신 못 차리고, 별 사회의식 없고, 꼬인 삶들과 친구가 되고 나서부터였다. 상대적으로 안정된 직장과 벌이를 갖춘 원래 큰아버지네 세 형들이, 별다른 직장도 없이 노동일을 다니는 우리 3형제를 보며 비릿한 웃음을 흘릴 때 오히려 나는 그 '용서받지 못한 자' 깡패 큰아버지에게서 깊은 사회적 연대의식을 느끼기도 했다. 못난 놈들은 얼굴만 봐도 즐겁다고 했나. 시대와 역사 앞에 연약했던 개인은 용서받지 못하지만 구조는 용서받는 이 사회가 지긋지긋해질수록 그에 대한 이해가 깊어갔다.

그도 유독 내게 정을 표시하기를 좋아했다. 자신만큼이나 복잡다단한 삶을 거쳐온 조카 하나가 있다는 것이, 그리고 그 조카가 자신을 따뜻한 눈으로 바라봐준다는 것이 아마도 좋았나 보다.

말년이나마 그가 행복하기를 바랐다. 그를 마지막으로 거둬준, 얼굴이 얽었다는 큰어머니와 짱깨집 배달일을 하며 열심히 산다는 그의 의붓아들에게 따뜻한 인간의 정을 나누어주며, 그에게도 한 번은 소중했을 이 생의 마지막을 잘 갈무리하기를 바랐다. 누구라고 늘 천대받고 허리 구부리면서만 살아야겠는가.

내 어머니의 배를 그는 두세 번밖에 안 걷어찼고, 내 어머니의 머리끄덩이를 그는 서너 번밖에 안 끄집어당겼지만, 더 많은 아픔과 소외를 어머니는 이 사회로부터 받았다. 일을 놓은 지 몇 년이 지났건만 가뭄에 갈라진 논바닥처럼 붙지 않는 손가락의 틈새들, 골다공증의 무릎, 도를 넘어서버린 혈압을 남겨준 사람들은 오히려 다른 이들, 이 사회의 전부였다. 그게 때로 가장 가까이에 있는 사람들을 통해 집행되었을 뿐이다.

가봐야 되는 것 아닌가 싶은데도 몸이 움직이지 않았다. '나가 거시기 왕년에는' 해도 모두 코웃음만 날리던 명절도 이젠 없겠다. 돌아오는 명절부터는 이제 가야 할 묘가 한 곳 더 늘어난 것일까. 삼일장도 과분해 이틀장으로 마무리 지었다는 그의 쓸쓸한 장례. 눈물이라도 한 줄기 흘려주어야 하는 것 아닌가 싶은데 잎 다 진 가을마냥 마음이 서늘하고 쓸쓸하기만 하다. 소주라도 한잔 마셔야 되는 것 아닌가 싶은데 그것도 잘 와 닿지 않는다. 미안해요. 그만큼의 인연이었나 봐요.

잘 가시라. 깡패 내 큰아버지.

아버지의 자리

한참을 미친 듯이 돈 버는 일에만 빠져 있던 무렵의 이야기다.

당시 나는 새끼 목수일을 거쳐 전남 여천 석유화학단지에서 배관공으로 일하고 있었다. 나이라고 해봤자 고작 스물한둘 시절이었다. 그땐 내가 근육질의 말처럼 느껴졌다. 거칠 게 없었다. 기운이 넘쳐 걸어도 될 길을 뛰거나 날아다녔다. 정상적으로 계단으로 다니면 될 길도 성에 차지 않아 10층 높이의 건물에서 건물 외벽 아시바나 배관 파이프를 타고 원숭이처럼 달려 내려왔다. 산소통이나 LPG통을 두 개씩 메고 식권 내기 달리기 시합을 하곤 했다. 이렇게 조금씩 벌다 보면 내게도 희망찬 미래가 있을 성싶었다.

현장엔 또래 애들보다 나이 지긋한 사람이 많았는데, 지붕 없는 곳에서 일하는 막노동판 생리상 아무리 나이가 많아도 '행님'이었다. 서로가 늘 입에 붙이고 다니는 게 거친 욕이었으며 물불 가리지 않겠다는 험악함이었다. 그러지 않고는 온갖 직정으로 불타오르는 막노동자들의 세계에서 버텨나갈 수가 없었다.

그런 노동 현장의 정서에 푹 침윤되어 있을 무렵 어느 하루 오랜만에 아버지를 도와 집안일을 하게 되었다. 쫓기다시피 고향을 떠나 낯선 도회지에서 어머니 혼자 간이 탁자 두 개를 놓고 오리탕을 끓여 내놓는 식당을 하고 있었는데, 좁은 부엌에 접시들을 올려놓을 선반이 필요했다.

아버지는 식구들에게 끊이지 않는 좌초만을 안겨주는 어찌 못할 사람이었다. 꼭 그의 잘못만은 아니었겠지만 문화라고는 아예 접할 길 없어 평생을 노름판을 기웃거리며 가정불화를 자초했다. 퇴락한 그가 매번 우리에게 들려주는 이야기들은 질 낮은 성공 신화와 처세술, 그리고 작은 이득에 연연하는 속 좁은 이기주의뿐이었다.

작은 선반 하나를 짜는 일인데도 족히 두서너 시간이 들었던 것 같다. 허름한 골목에 해그림자가 길게 허리를 늘일 때쯤이었다. 내가 무심코 뒤를 돌아보며 '에, 행님 거기 투 인치 못 좀 주쇼' 했던가 보다. 아무 생각 없이 못을 건네받고 돌아서서 망치질을 한두 번 또닥이다, '그러고 보니 내가 방금 아버지를 뭐라 호칭했지?'라는 생각이 들자 하늘이 노래지고 낯이 부끄러웠다. 아무리 개망나니라 하더라도 '아버지'를 비속하게도 '행님'이라니.

그렇지 않아도 노란 하늘이 더 샛노랗게 보이고 식은땀이 흐르는 듯했다. 여러 가지 생각이 난무했다. 만약 아버지가 퇴락한 장사치가 아니었다면, 부자이거나 명예가 있거나 높은 도덕과 지성을 겸비했더라면, 내가 아버지를 그렇게 부를 수 있었을까. 갑자기 그토록 미워하기만 했던 아버지의 삶이 측은해지면서 뭐라 말할 수 없는 애증의 감정이 치솟았다.

남은 한 시간여를 어떻게 보냈는지 모른다. 내 얼굴도, 아버지의 얼굴도 쑥스러움에 벌겋게 타고 있었지만 당신도 나도 이제 막 저무는 저 노을빛 탓이라고만 여기고 싶었을 것이다.

그 후로 나는 아버지를 내 마음속에서 용서해버리고 말았다. 아니 사랑해버리고 말았다. '아버지'라는 권위에 대한 사랑이 아닌, 누구와도 바꿀 수 없는 소중한 벗 같은 자리에 퇴락한 아버지가 따뜻하게 다가와 앉아 있었고, 누구보다도 존경스러웠다.

얼마 전 설날이라고 오랜만에 아버지를 뵙고 돌아왔다. 그는 여전히 자식에게 미안하지 않기 위해서는 시장의 잇속에서 무슨 수를 써서라도 자신의 몫을 넓혀야 한다는 사고방식으로부터 자유롭지 못하다. 자신이 잘못 살아 아들이 노동시를 쓰고 노동운동을 한다고 못내 측은해한다.

하지만 언젠가 세월이 지나고 난 다음 아버지도 알게 될 것이다. 내가 진정 아버지에게 바라는 것은 못 배우고 가진 것도 없어 가능치도 않을 아버지의 세속적인 성공이 아니라, 아버지의 삶의 문화가 좀 더 인간적으로 풍요로워지기를 바란다는 것을. 돈도 명예도 가질 수 있지만 그것만으로는 충분치 않은 본질적인 인간애, 자연애로 충만한 삶이라는 것을. 아버지는 내게 힘겨운 가난과 노동밖에 물려주지 못했다고 자책할지 모르지만 나는 그 속에서 참다운 삶의 연대와 사랑이 무엇인지를, 기다림이, 이웃이 무엇인지를 배웠다고.

봉분 없는 무덤

가끔 장인어른이 생각날 때가 많다. 눈매가 시원하던 분, 말수가 없던 분.

7남매를 키웠지만 말년엔 계실 곳이 마땅치 않았다. 큰아들은 외국에 나가 있고, 큰딸은 이미 손자가 있는 나이였다. 둘째 아들은 썩 형편이 좋지 않은 데다가 마흔이 넘어서야 가까스로 가정을 꾸리고 있었다. 초등학교 교사를 하는 둘째 딸네가 있었지만 직장 생활의 피로에 지친 사위가 집에서 쉬고 있는 터라 갈 수가 없었다. 건설회사에 다니는 건실한 셋째 아들네가 있었지만 아무래도 며느리 눈치가 보이는 듯했다. 막내딸네였던 우리 집이 있긴 했지만 결혼한 지 얼마 안 된 우리는 당시 가까스로 방 하나와 거실 하나가 있는 곳에 살고 있어서 마음과는 다르게 어르신들을 모시기 어려웠다.

결국 장인어른은 내게는 손위 처형이 되는 셋째 딸네 집에 머무르게 되었다. 물론 셋째 딸네도 형편이 넉넉지 않기는 마찬가지였다. 처형네는 방 두 개, 거실 하나에서 어린아이 둘을 키우고 있었다. 그래도 셋째 동서가 워낙 성격이 좋은 편이라 마음은 편하셨으리라.

생각해보면 그런 장인어른도 조금은 억울하셨을 듯하다. 7남매를 남부럽지 않게 키웠는데 어찌된 영문인지 말년을 기댈 피붙이 하나가 적당하지 않았으니 말이다. 세속적인 기준으로 보더라도 그렇다. 그 어려운 시절에 7남매 중 다섯을 대학까지 가르쳤다. 학교도 모두 나쁘지 않아 기대도 많이 했을 것이다. 교사에 외교관에 약사에 극작가까지 배출(?)했으니 자식농사는 잘 지은 셈이다.

7남매를 키우기 위해 수세미 장사, 우산 장사, 수박 장사, 가내에서 이불을 만들어 파는 수공업 등 안 해본 일이 없다고 한다. 그렇게 7남매를 키우다 보니 늘 허리 한번 펴볼 틈 없는 가난한 살림이었다고 한다. 막내딸인 아내는 그래서 지금도 도무지 소비라는 것을 모른다. 어렸을 때 물려받은 옷만 입다가 초등학교 4학년 때인가 처음으로 장인어른이 새 옷 한 벌을 사주었다고 한다. 아내는 그때 기쁘고 소중했던 기억이 너무나 오래 남아 지금도 그 옷을 간직하고 있을 정도다. 어쩌다 장에 갔다 오신 장인어른이 닭 한 마리를 튀겨 오면 온 집안 식구들의 입이 한껏 벌어지는 잔치였다고 한다. 둘째 처형이 초등학교 교사가 되었을 때는 살림이 너무 힘들어 가족 중 일부가 멀리 의정부 쪽에 있던 둘째 처형의 학교 사택에 가서 살기도 했다고 한다.

딱 한 번 그런 장인어른이 미웠을 때가 있었다. 결혼 승낙을 받으러 처음 인사를 드리러 갔을 때다. 한여름에 더운 고봉밥을 앞에 두고 어른과 함께 앉아 있는 것만으로도 큰 고역이었다. 하지만 더 큰 고역은 장인어른의 물음이었다. 부모님은? 고향 순천에서 아파트 경비일을 하십니다. 하는 일은? 용접공입니다. 벌어놓은 돈은 좀 있겠네? 없습니다. 지금 사는 곳은? 월세 살고 있습니다. 결혼을 하게 되면 좀 벌어야겠구먼. 저, 당분간은 노동단체 활동을 하고 있는 게 있어서……. 음. 안 되네. 안 돼. 돈이 있어야 해. 장인어른은 끙 하며 무거운 한숨을 내쉬었다. 쳇. 이렇게 결혼을 해야 하나. 단도직입적으로 물어보던 장인어른이 무척이나 미웠다.

하지만 걱정과는 다르게 장인어른과 장모어른은 그 후 단 한 번도 그런 식의 질문이나 못 미더움을 내색하지 않았다. 그것은 셋째 사위에게도 마찬가지였다. 우리는 구로동 지척에 이웃하며 살고 있었는데 두 집 모두 속칭 운동권 가족이었다. 처형은 좋은 대학병원 약사일을 그만두고 구로동에서 노동자들과 도시빈민들을 대상으로 하는 공동체 약국을 만들어 함께하고 있었다. 지금도 마찬가지지만 상근비를 조금 챙겨오는 정도였다. 손위 동서는 한국에서 손꼽히는 재벌기업 본사에서 촉망받는 직원이었는데, 그만두고 지역에서 쥐꼬리만 한 활동비를 받는 전업 단체 활동가로 살고 있었다. 아내와 나는 '구로노동자문학회'라는 단체를 꾸리고 있었다.

보통 부모님들 같으면 억장이 무너질 일이기도 했을 것이다. 하지만 두 어른은 늘 조용히 우리를 바라보기만 할 뿐 단 한 번도 싫은 말씀을 하지 않았다. 표정도 내지 않았다. 어느 때부터인가 그런 두 어른에게 미안한 마음과 아울러 존경스런 마음이 새록새록 쌓여갔다.

장인어른은 끝내 셋째 딸네가 내준 조그만 방 안에서 돌아가셨다. 근 2년을 투병하신 끝이었다. 허파에 물이 차서 나중엔 물을 빼는 튜브가 연결된 비닐팩을 달고 사셔야 했다. 소변을 누는 것도 힘들어져서 소변 호스를 꽂고 지내셔야 했다.

1년 가까이 누워만 계시는 게 안쓰러워 "제가 좀 주물러드릴까요?" 하며 안마를 한번씩 해드렸다. 처음엔 계면쩍어 하셨지만 나중엔 등을 좀 박박 긁어달라며 좋아하셨다. 통원치료를 다닐 때는 그런 장인어른을 업고 다녔다. 편안해하는 모습이었다. 나중엔 말씀도 못하게 되었는데 내가 가면 곤혹스럽지만 도움을 바라는 묘한 미소를 지으셨다. 어쩌다 안마를 못 해드리고 나올 참이면 그 애잔한 눈빛이 자꾸 마음에 남았다. 떠나신 지 몇 해가 지났건만 지금도 그 애잔한 눈빛이 가끔 떠오른다. 당신의 딸만큼은 너무 고생시키지 말아야 할 텐데 미안해진다.

장인어른은 해방정국 때 철도원 출신이었다. 역무원이었다고 하는데, 어려서부터 무척이나 영민한 분이어서 집안의 기대도 많이 받았고, 승진도 누구보다 빨리 할 수 있는 조건을 두루 갖추었다고 한다.

하지만 장인어른은 편안한 철로원의 길을 가지 않았다. 그는 험난한 역사의 산맥을 오르는 전사의 길을 택했다. 장인어른은 당시 민주철도 노조를 꾸리는 일에 함께했다. 중요한 세포원으로 활동하셨다고 한다.

탄압이 거세지자 직선으로 뚫린 편안한 삶의 길을 버리고, 빨치산이라는 험난한 산길로 올랐다. 근대 산업혁명의 상징이라는 증기기관차를 타고 누구보다 편하게 안정된 자본의 품으로 갈 수 있는 삶이었다. 하지만 그는 잘못된 근대를 넘는 혁명의 준령을 택했다.

당시 철도노조는 일제 잔재를 일소하고, 독립된 인민민주주의 국가를 수립해야 하는 절체절명의 사회 과제 맨 앞에 선 혁명의 기관차였다. 1946년 9월 총파업과 10월 항쟁, 이어진 1947년 2월 투쟁, 1948년 5월 남한만의 단독정부 반대 투쟁까지 철도노동자들은 늘 선두에 서 있었다. 사람이 죽어나가는 일이 낙엽 같던 시대였다.

급기야 1년이 넘는 산 생활과 포로수용소 생활까지 근 3년을 장인어른은 집을 떠나 역사의 험준한 미로 속을 헤매었다. 장모어른도 활동을 했다고 하는데, 그 이야기만 나오면 지금도 극구 피해버리고 만다. 딱 한 번, "그땐 다 그랬제, 뭐" 하고 말씀하셨을 뿐이다. 어떤 역사의 상처가 그분들의 과거에 지금도 재갈을 물리고 있을까.

좌익으로 낙인이 찍혀 고향 인근에서는 살 수 없었다고 한다. 경기도 화전 낯선 땅으로 이주해 평생을 살았다. 사는 내내 기관원들이 동태 파악을 위해 다녀가는 터라 다른 변변한 직장도 가질 수 없었다. 역사의 산을 오르는 것보다 가난한 생활의 문턱을 넘는 것이 더 고단한 일이었으리라. 다행인 것은 연좌제가 폐지되면서 자식들이 큰 어려움을 겪지 않아도 되었다는 것이다.

그런 본인들의 과거를 잃지 않아서인지, 수십 년이 흘러 자신의 딸들이, 자신의 사위들이 다시 당신이 오르고자 했던 역사의 숨 가쁜 산을 오르는 모습을 조용히 바라볼 수 있었으리라. 제발 그 길로 가지 않기를 바라는 마음 또한 없지 않았겠지만 두 분은 조용히 우리를 응시해주는 것만으로 자신들의 말을 다했다.

장인어른이 과거에 일했던 철도노조가 얼마 전 근 50여 년에 이르는 어용의 세월을 뚫고 민주철도노조를 세웠다고 한다. 거기 어디쯤 장인어른의 험난했던 한 인생사도 복원되는 것일까. 비 오면 우산 장사를 나가고, 해 뜨면 지게에 수박을 지고 수박 장사를 나갔다던 한 민주철도노조원의 기나긴 삶의 투쟁사도 복원되는 것일까.

몇 년 전 민주철도노조 건설 당시에 이런저런 일을 도우며 함께 가슴 떨떴던 기억이 새롭다. 경희대학교에선가 파업 중인 노동자들에게 차 한가득 책을 싣고 갔을 때 규찰을 서고 있던 오랜 벗과 두 손 꼭 맞잡으며 가슴 뜨거웠던 기억이 새롭다.

그런 뜨거운 기운을 제발 철도노조가 오래 간직하면 좋겠다. 해방의 기관사들로, 역무원들로 우리 가난한 민중들의 긴 여행길을 잘 지켜주면 좋겠다. 조합주의에 물들지 않고, 사회변혁이라는 저 먼 산으로 역사의 기관차를 몰고 가는 그런 철도노조가 되면 좋겠다.

장인어른은 벽제 용미리 공동묘지에 봉분 없이 깨끗이 묻히셨다.

2부. 가난한 마음들

초등학교 4학년 무렵. 전남 벌교읍 5일 장터에 있었던 집 앞이다. 얼마 전 가보니 그 집이 아직 거기에 있었다. 안쪽에 부엌 하나, 방 하나. 어떻게 거기에서 외할머니까지 일곱 식구가 살 수 있었는지 이해할 수 없었다. (사진 오른쪽 본인)

어느 비정규직의 사랑 이야기

출발 1분 전, 나는 급히 버스 문을 두드렸다. 운전기사가 무슨 일이냐는 듯 눈빛으로 물었다. 별 싱겁다는 표정으로 기사가 문을 열었다.
"미안합니다."
뚜벅뚜벅 걸어 들어가는 나를 손님들이 흘깃흘깃 쳐다보았다. 지금 생각하면 우습기도 하다. 내가 무슨 영화 〈졸업〉의 라스트신에 나오는 더스틴 호프만이라고. 아, 하지만 정말 그때는 결혼식장의 신부를 데리고 도망치는 더스틴 호프만처럼 되고 싶었을 것이다. 지나놓고 나면 코미디 같지만 그 한복판에 있을 때는 생사를 고민할 만큼 절박하게 다가오는 일이 수두룩한 게 인생살이 아니겠는가.
내 손엔 꽃다발이 들려 있었다. 그녀는 뒷좌석에 앉아 있었다. 깜짝 놀란 눈이 커졌다. 언젠가 내가 드릴처럼 맹렬히 파고들던 그 입술이 조금 벌어졌다. 사람들은 무슨 일인지 궁금하다는 듯 나를 올려다보았다.
무슨 말을 해야 하나. 앉은 채로 꽃다발을 받는 그녀의 얼굴이 빨개졌다.

"잘 가!"

아, 내가 용감한 더스틴 호프만이라면 얼마나 좋았겠는가. 뜨거운 게 가슴에서 치밀어 올랐지만 아무런 말도 할 수 없었다. 이미 잊기로 한 사람이다. 그녀도 무슨 말인가를 하려 했지만 나는 이내 돌아섰다. 당시 내겐 누군가를 사랑하는 것조차 사치였고 두려움이었다. 세월이 흘러서도 가끔 그리울 수 있다면, 그것만으로도 행복하겠지.

통유리창 너머에서 손을 흔들던 그녀. 빌어먹을! 내게 세월은 늘 무정하게 시동을 거는 자동차와 같았다. 나를 두고 세월은 내가 그리워하는 것들을 싣고 언제나 어디론가 떠나갔다.

터미널을 나와 낙엽이 쌓인 거리를 허청허청 걸으며 이 시간이 빨리 지나가버리면 좋겠다고 생각했다. 스물 언저리였다.

그녀를 만난 것은 어느 팬시업체 본부였다. 그녀는 정규직이었고, 나는 아르바이트를 핑계 댄 비정규직 잡부였다. 무작정 상경 후 2년. 우연한 계기에 한국무용을 배우겠다고 어느 무용 교습소를 다니며 주거조차 마땅치 않던 무렵이었다.

무척이나 가난했던 시절, 하루 여덟 시간에 시급 1,800원이었던 것으로 기억한다. 지하 창고에서 하역 잡부일에 시달리는 우리에게 그녀는 지하를 환하게 하는 꽃이었다. 그녀가 한번 지하 창고를 다녀가면 고만고만했던 우리의 입은 초승달마냥 귀밑까지 찢어지곤 했다. 늘 친절한 미소를 뿌리고 가는 그녀. 아우! 하면서 아랫도리를 흔들며 춤을 추는 친구들도 있었고, 달아오른 청춘의 욕정을 못 이기고 괜스레 키득거리며 먼지투성이 지하 창고 바닥에서 레슬링을 한판 붙기도 했다. 지금 생각하면 그것은 왠지 모를 부끄러움을 잊는 어떤 제의 같은 것이었다.

우리는 퇴근 후 실내 포장마차에 모여 하루의 노고를 풀며 누가 먼저 그녀를 사귀게 될지 이야기를 나눴다. 그런 이야기는 가능과 실행 여부를 떠나 힘든 일을 잊게 하는 청량음료 같은 것이었다. 하지만 어김없이 날이 밝으면 우리는 얘기할 틈조차 없이 밀려드는 고된 잡일에 입가의 소금기를 훔쳐야 했다.

그녀도, 아니 그녀들도 그런 어린 늑대들의 뜻을 알았을까. 단내를 나눠주고 싶었을까. 아니지. 그녀들도 지쳤을까. 정규직이라 하지만 늘 남자 상사들의 구박에, 힘든 와중에도 커피 나르기에, 물 떠다 나르기에 지쳤을까. 어느 누구에겐가는 충분히, 충분하게 사랑받고 싶었을까.

지상층에 근무하는 여직원들과 지하에서 일하는 우리 일개미들 사이에 어느 정도 친분이 생겨 즐거운 현장 생활을 할 즈음. 난데없는 정리통보가 내려왔다. 일이 줄어 비정규직들이 필요 없게 되었다는 것이었다. 어디에 가서 다시 일거리를 찾나. 죽어라고 일했더니 당장 나가라니. 입이 불쑥 튀어나온 우리는 평소보다 거칠게 제품 박스들을 다뤘다.

마지막 월급날, 이제 기약 없이 헤어져야 하는 날. 누가 제안을 했는지는 모른다. 전남 곡성에서 올라와 어렵게 학교를 다니다 휴학하고 돈을 벌러 다니는, 발목 짧은 바지를 입고 다니던 그가 했는지. 홀어머니 혼자 모시고 사는 그. 그래서 언젠가 어머님이 아파 좀 더 돈을 많이 주는 곳으로 옮겨야 할 것 같다고 못 마시는 소주를 몇 병이고 마시다 기절해 네 명이서 업고 이고 병원을 찾아갔던 그 핼쑥하던 서울내기가 했는지는 기억에 없다.

하지만 모두의 마음이 통했을까. 자신들 탓도 아니건만 이제 함께 일하지 못하게 된 것을 미안해하고 안타까워하던 그녀들과 송별식을 갖기로 했다.

이태원 어느 나이트클럽이었다. 모두가 '분빠이'한 돈을 아까워하지 않았다. 근 6개월 함께하면서 늘 라면에 소주만 먹었던 우리였다. 서로 2천 원씩, 3천 원씩 빌리고 빌려주며 차비마저도 궁했던 우리였다. 하지만 그날만큼은 모두가 흔쾌히 만 원권을 두 장씩 꺼내들었다. 파란 그 지폐. 아, 우리는 왜 그리들 가난했는가.

소주를 몇 잔씩 걸치고 들어간지라 금세들 취했다. 처음엔 멀찍이 떨어져 수줍게 몸을 흔들던 이들이 자연스레 번갈아가며 어색한 폼으로 블루스를 추기도 했다. 그렇게 몇 번의 블루스 타임이 지나갔다. 정말이지 나는 원하지 않았다. 사실 나도 그녀에게 반해 있었지만 깨끗이 아름답게 잊고 싶었다. 지하 창고에서 가끔 그녀가 내려왔다 갈 때면 훅 끼치던 그 향수 내음에 숨 가빠했지만, 그녀의 만월처럼 출렁이는 가슴을 보며 돋아나는 은밀한 상상에 의식이 정전을 당하기도 했지만, 지켜볼 수밖에 없었던 그 마음 그대로 '안녕, 빠이빠이' 하고 싶었다.

한 번 사양을 했는데도 다시 블루스 신청을 해온 것은 그녀였다. 조금은 취했던가. 마음이 흔들렸다. 그래 눈 감고 딱 한 번만 추는 것이다. 어머니의 품처럼 그녀의 품은 따스했다. 2년여 서울 생활의 외로웠던 피로가 확 밀려오고, 마음이 급물살처럼 그녀를 향해 흐르고 있었다. 그럴 땐 눈을 마주치면 안 되는데, 들켜버리고 말 텐데……. 하지만 나는 어느 순간 그녀의 눈을 빤히 바라보고 있었다. 일렁이는 눈빛들의 교환. 우린 한순간 서로의 눈빛이 바닷물결처럼 너울거리며 한 묶음으로 엮이는 것을 느꼈다. 이럴 수가! 그것은 어떤 폭풍우가 치기 전의 전조와도 같은 것이었다. 우리는 이미 동료들의 눈이 닿지 않는 구석에 와 있었고, 나는 생의 모든 용기를 끌어올려 그녀의 이마에 가만히 입을 맞추었다.

더 놀란 건 그녀의 행동이었다. 지긋이 바라보던 그녀가 가만히 내 입술에 자신의 부드러운 입술을 얹고 가는 것이었다. 벼랑 위에서 휘청하듯 아찔한 마음. 아, 사랑은 그렇게 한 인간의 모든 마음의 문을 다 열어버리게 만드나 보다. 무슨 정념보다 고맙다는 마음이 들었다. '아, 이 친구도 내 마음과 비슷했던가 보구나'라는 고마움. 왠지 그래야 할 것 같아 허리에 살포시 얹었던 손을 풀어 싱긋 웃음을 보내고 함께 자리로 돌아왔다. 외로움보다 더 간절한 것은 어떤 삶에 대한 예의임을 조금씩 알아갈 무렵이었다. 내게 필요한 것은 잠깐의 유희가 아니라 어떤 신뢰와 환대의 시간들이었다.

그 후 나는 뿌리내리기 힘들었던 서울 생활을 포기하고 고향 인근인 순천으로 돌아왔다. 심신이 무척이나 고단했고 메말라 있었다. 어릴 적 태풍이 몰려올 때면 뒷방천둑을 넘실거리던 붉덩물에서 간신히 목숨을 건져 올라온 새앙쥐처럼 몸도 영혼도 혼곤한 상태였다.

나는 본격적으로 '노동자'가 되기로 결심했다. 아무리 둘러보아도 나를 향해 열린 세상의 길은 그 길밖에 없었다. 새벽 5시면 일어나 세수하고 밥 먹고 도시락 싸들고 가야 하는 목수 대모도로, 철공장의 잡부로, 용접조공으로 조금이라도 나은 임금을 좇아 밤낮없이 일했다. 그맘때쯤 고향 친구들도 모두 사회에 대한 무지갯빛 꿈들을 접고 다람쥐 쳇바퀴처럼 도는 현실의 자리를 받아들이고 있었다. 그것이 어떤 적개심인지도 모르면서 이를 갈며 노동했고, 이를 갈며 저축했다. 모든 젊은 날의 꿈은 사치였다. 돈을 잡던, 명예를 잡던, 이상을 잡던 하나는 잡아야 한다는 생각. 소유만이 허기진 영혼을 달래줄 수 있으리라 믿었다. 그렇게 어설픈 자본주의의 맹신자가 되는 데는 많은 시간이 필요치 않았다. 지금 생각하면 그게 자학이란 걸 알면서도 다른 방도가 없었다.

그렇게 7개월여가 지나가던 어느 날, 그녀가 순천 매장 오픈 때 내려온다는 이야기를 우연히 전해 들었다. 세상 모든 일들에 초연하자고 단단히 쌓아올린 마음의 보에 구멍이 하나 뚫리는 듯한 떨림. 하지만 나는 그녀에게 만나자는 이야기를 전할 수 없었다. 그래서 어쩌겠다는 것인가. 다시 찾아올 긴 시간의 외로움을 네가 견딜 수 있겠니. 나는 그럴 수 없다고 대답하고 있었다.

통유리창 안에서 새로 오픈하는 체인점 인테리어를 열심히 돕던 그녀, 가끔 멍하니 창밖을 보는 그녀를 보면서도 나는 나설 수가 없었다. 용접 불빛에 검게 그을린 얼굴이 부끄러웠을까. 생채기가 난 투박한 손등이 부끄러웠을까. 무용은 무슨 얼어 죽을 무용이냐고, 목수 대모도를 다니고 있다고, 용접조공으로 일하고 있다고, 그런데도 아직 너를 못 잊고 있다고 말할 용기가 없어서였을까.

무엇도 약속할 수 없었던 세월, 꽃이 무언지. 터미널에서 꽃을 한 아름 사들고 하염없이 그녀를 기다렸다. 바삐 버스에 오르던 그녀. 출발 1분 전 나도 모르게 저지른 그 일.

세월은 다시 굉음처럼 지나, 어느새 내 나이 마흔. 꽃집 앞이나, 고속도로 터미널에 물끄러미 앉아 있다 보면 그때가 떠올라 지금도 불화덕처럼 혼자 얼굴이 붉어진다. 어디서든 잘 살겠지. 어느 들녘 벌나비처럼 우연히 만났다 짧은 생의 향기마저 나누지 못하고 헤어진 우리. 지금도 어느 회사 1층과 지하 창고에서는 그런 청년들의 숨은 이야기가 웃음꽃을 피우고 있을까. 그 청년들의 사랑에 부디 '사랑만이' 있기를.

동생의 행운목

이불 밖으로 나온 발가락이
60개였다

손가락은 하나가 부족했다
아부지 오른손 검지였다

엄니가 집 나간 명절, 서울 고모네 다 모인 자리에서
이제 말 배워가는 다섯 살 막내가 아부지 똥삼봉 들었다
고 했다

쯧쯧거리던 입들
공터에 버려져 울던 막내

그래서 네 남매도

따로 놀기를 좋아했다

생각하니 아직도
다 함께 찍은 가족사진이
없는 듯하다

_「가족사진」

형제가 넷이다. 명절에나 한 번씩 만나는 사이. 가끔은 곁에 있는 사람들보다 더 멀게 느껴진다. 한때 가족을 지긋지긋하게 여겼던 적이 있다. 스무 살 적인가는 혼자 동사무소를 찾아가기도 했다. 호적을 파버리겠다고. 독립 호주가 꿈이었다.

지나간 과거는 모두 모멸에 찬 것들이었다. 노름에 빠져든 아버지의 눈은 늘 딴 곳을 바라보고 있었다. 3일에 한 번씩은 부서지던 그릇들, 차마 입에 담기 힘든 욕설들, 어머니의 눈은 종종 시퍼렇게 멍이 들었다. 밤새 이어지던 곡소리를 피해 담 밖으로 나가면 동네 사람들이 쯧쯧거렸다. 날이 밝아 햇볕을 쬐어도 상처는 아물지 않았다.

그래도 다시 새벽이면 달그락달그락 이어지던 일들, 그 악다구니와 같은 삶. 아버지에게 배울 수 있는 거라곤 가난한 시골 장터 장사치의 세 치 처세술과 세상에 대한 굴종밖에 없었다. 지워버리고 싶은 과거. 방법만 있다면 처음으로 돌아가 다시 태어나고 싶었다. 무엇보다 마음에 습기와 구김살을 참을 수 없었다. 사람들 앞에만 서도 괜스레 얼굴이 빨개졌다.

언젠가 어머니가 집을 나갔다. 어머니가 없다는 것보다 더 이상 싸움이 없는 고요가 찾아왔다는 것이 너무도 행복했다. 차라리 그 억척스러운 어머니가 돌아오지 않는다면 하고 바라기도 했던가.

그렇잖아도 노름쟁이 새끼들이라고 친척들에게조차 눈총받는 게 참을 수 없는 모욕이었는데, 어느 명절 양념딸이라는 다섯 살짜리 막내가 아버지의 패를 보다가 "아부지 똥삼봉 들었다"고 천연덕스럽게 말했다. 갑자기 싸늘해지던 친척 어른들의 눈빛. 우리는 아무 잘못도 없이 죄인이라도 된 양 식은땀을 흘려야 했다. 3형제에게 영문도 모르고 구박을 받으며 울던 막내. 30여 년이 다 되어가는 지금도 잊히지 않는 영상들.

상처 많은 가족들의 모임은 늘 살얼음판이었다. 구부러진 못처럼 꼬이고, 깨진 유리 파편처럼 날 선 가족들의 모임은 늘 누구도 승자가 없는 고성과 핏대와 오기와 깽판으로 끝나기 일쑤였다. 어머니도 아버지도 자식들에게 권위가 없었기에 우리 여섯 식구는 모두가 수평적인 적이 되어 위아래 없이 싸우기도 했다.

그나마 세월이 가면서 차츰차츰 안정이 되어갔다. 서로 상처를 건드리지 않기. 서로 도울 수 있는 관계는 가족뿐이므로 서로서로 연대하기. 제발 과거로 되돌아가지 않기. 서로 말은 하지 않았지만 그런 암묵

적 연대감도 생겼다. 특히 형제들 간에 우애가 조금씩 돋아났다. 세월에 치이고, 세상에 치이며, 그래도 동기간 귀한 줄을 알게 된 탓일 게다. 이 험악한 세상에 서로를 지켜줄 관계는 그리 많지 않은 탓일 게다. 동지도 벗도 나중엔 아무것도 챙겨줄 수 없음을 경험하게 되기도 하지 않는가.

3형제는 일찍부터 노동 현장으로 뛰어들었다. 용접조공으로, 배관조공으로 새벽밥을 먹고 잔업 철야를 밥 먹듯이 했다. 서산으로, 제주로, 서울로, 당진으로, 거제로 일거리를 쫓아다녀야 했다.

세월이 흘러 다행히 형과 동생은 우연한 기회에 고향인 순천 인근에서는 대우가 좋은 LG정유에 들어가 기능공으로 조금은 안정된 생활을 하게 되었다. 그리고 나서야 형과 동생은 결혼도 할 수 있었다. 형은 서른다섯에, 동생은 서른넷이 되어서야 간신히 가정을 꾸릴 수 있었다.

400만 농민이 뿌리를 잃어가고, 800만 비정규직과 100만 청년실업자가 양산되는 이 신자유주의 시대에 안정된 직장이 있다는 것은 무척이나 행복한 일이었다. 나는 한 번도 챙기지 못한 효도를 형, 동생이 도맡아 해주었다. 그새 어머니는 백내장 수술에, 고혈압 치료에, 퇴행성 관절염 치료에, 빠진 이 치료까지를 형과 동생 덕분에 받아볼 수 있었다. 없이 살아본 사람들은 안다. 그만한 치료라도 받아볼 수 있다는 것이 고생해서 생긴 여러 지병들의 고통보다 훨씬 큰 행복이라는 것을. 어머니가 평생 고생으로 생긴 병들에 대한 원망보다 치료를 받을 수 있다는 행복에 겨워하는 것을 볼 때마다 마음이 짠했다.

사람의 마음은 그렇듯 간사한가 보다. 내가 서울에서 벗들과 후배들에게 했던 많은 운동에 대한 이야기들을 나는 고향의 형제들에게 하지 못했다. 피했다. 그냥 건실한 직장인으로 살아가기를, 제발 집이라도 한 채 장만한 착한 근로자로 살아가기를, 제발 노동자로 살지 말기를 바랐는지도 모른다.

하지만 언제부터인가 형과 동생도 조금씩 변해가는 것을 느꼈다. 어용투성이던 여천 석유화학단지에 민주노조의 바람이 불면서부터였다. 간간이 노조 이야기를 하던 형제들이 언젠가는 서로 한 사람만 대의원을 하자고 싸우고 있었다. 너무 나서지 말라고, 가정을 생각하라고 동생은 형을 나무랐고, 내게 지원사격을 요청하기도 했다. 나는 다만 충분히 알고 하면 좋겠다라고만 했다. 자기 생각을 가질 수 있도록 꼭 읽어보아야 할 책들을 가져다주며 학습을 하기만을 권했다.

하지만 동생도 천천히 변해가고 있었다. 어느 여름, 운동에 지치고, 그 동지라는 것에 지치고, 삶이라는 것에 지쳐 무작정 귀향했을 때, 동생은 오히려 나보다 의젓해져 있었다. 동생의 차에서는 노동가요가 아무렇지도 않게 흘러나오고 있었다.

> 햇살 좋은 여름날 고향 내려와
> 동생은 행운목 사러 나가고

무심코 카테잎을 트는데 뜻밖에
"가버린 세월을 탓하지 마라,
지나간 청춘일랑 욕하지 마라"로 시작하는
노동가요가 들려온다

서른넷 노총각 주야 3교대 기능직이지만
재벌기업이니 어디냐고
컴퓨터 들이고 승용차 끌고
야간대학졸업장에 품행도 방정해져
한세월은 지났나 했는데, 결국

너도 잊을 수 없었겠지
3형제 나란히 용접조공으로 다니며
한 명은 사촌 간이라 했던 기억
사돈네 팔촌까지 끌어들이는 다단계 피라미드로 기세를
일으켜 세워보자고
형제들이 내게 한 번이라도 해준 게 뭐가 있냐고
겨울 구로공단 육교 위에서
증오로 이글거리던 너의 눈빛
우리는 한 번도 서로에게 다정해본 적이 없지

저기, 파란 행운목을 사서 돌아오는 동생
노래를 끝까 하다가 놔둔다
왜 우린 한번쯤 서로에게 쑥스러워지면 안 되는가
왜 한번 다정히 마주 보면 안 되는가
왜 한번 꼭 껴안아주면 안 되는가
햇살이 너무 부셔 눈물겨운 어느 여름날 오후
동생의 행운목

_「동생의 행운목」

   그 형제들이 며칠 전 서울 명동에 모였다. 남한 역사상 처음이라는 정유공장 파업을 일으키고, 공권력 투입을 피해 서울로 상경한 도망자들이었다. 형은 쟁의부장으로 영장이 떨어졌고, 동생은 가장 중요한 생산 공정이어서 이동할 때는 무려 넉 대의 미행 차량이 붙더라는 방향족팀의 파업을 이끄는 현장 핵심대의원이었다. 노숙을 마친 경희대학교에서 배낭 하나씩을 곁에 둔 8백여 명의 시커먼 사내들 앞에서 '투쟁' 하며 손을 치켜드는 형을 보며, 빨리 돌아가라고 말을 아끼는 동생을 보며 울컥하는 게 목으로 올라왔다. 왠지 서러웠다고 할까, 감격스러웠다고 할까.
   머리띠를 두르고 종묘 집회에 선 형제들, 침탈을 피해 명동성당으로 들어간 형과 함께 앉은 형제들. 결국 우리의 지난 삶은 속일 수 없는 것이라는 생각이 들었다. 노동자들은 누가 가르치지 않아도 스스로 해방을 위해 싸우지 않으면 안 된다는 것을 깨우친다. 스스로 나아가지 않으면 누구도 대신 나아가주지 않는다는 것을 삶으로, 몸으로, 아픔으로 깨닫는다.

4천 도짜리 용접 불똥이 살을 김밥처럼 말아갈 때 악을 쓰며 어딘지 모를 원한에 찬 비명을 질러본 사람들은 안다. 검게 탄 얼굴이 부끄러워 발바닥을 문지르는 숫돌로 얼굴을 밀고 그 위에 덕지덕지 크림을 발라본 사람들은 안다. 손톱 밑 때가 부끄러워 악수 한번 하면서 얼굴이 홍당무가 되고, 버스 전철 손잡이를 잡지 못한 채 손을 웅크려본 사람들은 안다. 그 쓰라린 소외의 자리들을.

어차피 잘되었다고 생각했다. 고난은 있겠지만 마음에 안식은 오지 않겠는가. 지금의 나처럼 또 다른 외로움과 번뇌에 시달릴지언정, 그것은 더 이상 비주체적인 삶만은 아니지 않겠는가.

마침 그날은 농민운동을 하겠다는 친구에게 시집가 살고 있는 막내 여동생의 남편도 농민대회에 참가차 올라온 날이었다. 작년 농민대회 때는 죽창을 옮기다 전경들과 맞붙어 콧등이 주저앉기도 했고, 학생 때 일로 군에 입대했다 남한산성에서 복역을 하고 나오기도 했던 친구였다. 이렇게 해서 정말 오랜만에 4형제 가족들이 서울에서 만났다. 4형제가 만나서도 누구 하나 걱정하지 않았다. 이미 이 길이 우리가 가야 하는 길임을 마음속 깊이 받아들이고 있었다. 더 어렵고 힘든 세월도 버텨왔기에 이쯤의 고난이야 하는 마음들이었다.

　아마도 형은 LG정유의 파업이 어떻게 마무리되던 구속을 피할 수 없을 듯하다. 예전 발전노조, 철도노조 등의 경험에 의하면 핵심대 원인 동생도 해고될 듯하다. 정유공장은 한번 가동이 멈추면 하루에도 수십억 원의 손실이 발생하고, 재가동도 쉽지 않은 곳이라고 한다. LG는 이렇게 발생한 수백억, 수천억 원의 손실을 대신해 이 기회에 민주노조의 모든 싹을 없애려 할 것이다. 이미 직권중재안이 떨어졌고 파업은 불법이 되어 있다. 회사는 복귀하지 않는 조합원들은 전원 해고시키고, 새 직원들을 채용하겠다고 한다.

　그래도 형과 동생은 아무런 흔들림이 없다. 잘 지내니 걱정하지 말라고 한다.

　부디 형과 동생의 내일에 이제 더 이상 분노만이 아닌 삶과 사회에 대한 따뜻한 사랑의 마음이 가득 넘쳐나기를 기도해본다.

사우나 가는 길

언제부터인가 아이와 24시간 사우나에 다니게 되었다. 지금은 좀 줄었지만 한참 동안 2주에 한 번꼴로 갔던가 보다. 별이도 거의 없는 살림을 생각하면 그게 무슨 호사냐고 하겠지만, 이제 말 배워가는 아이의 성화와 눈물엔 당할 재간이 없었다. 아, 약한 게 부모의 마음이라 했던가. 사람들과 함께 있는 자리에서 간혹 아이가 "아빠, 우리 또 사우나 가자" 하면 무슨 아이가 사우나 타령일까 하며 의구심 가득 찬 눈으로 바라보는 사람들 앞에서 낯이 붉어지기도 했다. 그렇게 아이가 조르는 시간이 밥상 다 치우고, 잠자리에 들어야 할 때면 더더욱 부끄러웠다.

"아니, 아이 교육을 어떻게 시키는 거야. 이 늦은 시간에 어린아이가 사우나나 가자고 하고 말이야. 저러다 크면 딱 불량 청소년이겠군" 하는 소리가 들리는 것 같아 괴로웠다. 그래서 몇 번은 아이를 촌스럽게 나무라기도 했다.

"관호야, 사우나는 말이야, 노는 곳이 아니야. 때 벗기러 가는 곳이지. 너 때도 없는데 왜 자꾸 사우나 가자고 그러니. 아빠 어렸을 적엔

설에 한 번, 추석에 한 번 가면 그만이었어. 그리고 지금 시간이 몇 시니. 발 닦고 자야 할 시간에 꼬마가 어딜 가니."

아무리 생각해도 촌스런 이야기지만 딱히 자주 가지 말아야 할 이유를 설명할 수 없었다. 아이는 그때마다 "24시간 하잖아. 저번에도 때 안 나왔는데 갔잖아. 아빠도 좋다고 해놓곤……" 하며 울먹였다.

사실 그전엔 한두 달에 한 번 정도 동네 목욕탕에 아이를 데리고 가곤 했다. 불교단체에서 운영하는 사회복지관 지하에 있는 영세민 대상 목욕탕이었다. 지금은 깔끔히 밀어버리고 아파트 공사가 한창이지만 내가 십수 년째 사는 구로3동은 유명한 도시빈민 주거지였다. '구로3동 닭장촌' 하면 누구나 아! 하고 알아들었다.

들어가면 나올 길을 찾기 힘든 폭 1미터 정도의 골목을 사이에 두고 검게 그을린 판잣집들이 즐비했다. 처마는 낮아 고개를 수그리고 다녀야 했고, 2층으로 올라가는 폭 좁은 나무계단이 외벽에 90도로 서 있었다. 아침나절이나 저녁밥 때가 지나면 마을 중간 중간에 있는 공동변소 문밖에서 휴지를 한 움큼씩 든 사람들이 차례를 기다리고 서 있었다. 집집마다 주워온 장롱을 문밖에 두고 거기에 닭이나 개를 키웠다.

과거에는 인근 구로공단에 다니던 청년들이 꽤 살았지만 근래에는 대부분 일용공이거나 비정규직들이 대부분이었다. 무의탁 노인들과 흔히 이야기하는 결손가정들이 태반이었다. 가출 청소년들, 이주노동자들의 생활터가 되기도 했다. 이런 사람들을 대상으로 운영하는 목욕탕이었기에 값도 무척이나 쌌다. 물론 시설은 거기를 이용하는 사람들의 몸만큼이나 헐었지만 말이다. 그 목욕탕을 다니던 때만 해도 아이는 오히려 목욕탕 가는 것을 꺼리기도 했다. 몇 번 가보았지만 늘 뱃가죽이 흉하게 처진 노인들뿐이고, 한두 번은 괜스레 구박을 주는 노인네들 탓에 울기도 했던 터라 그러했을 것이다.

이런 동네 목욕탕 가는 길이 마을버스를 타고 대여섯 정거장을 가야 하는 사우나 가는 길로 바뀌게 된 데에는 텔레비전과 사촌 형제들 탓이 크다. 주변에 고만고만한 사촌들이 살아 외톨박이 신세를 좀 면하기도 하고, 이것저것 배우기도 해서 좋지만 가끔은 배우지 않아도 좋을 것까지 배워왔다. 물론 이조차도 몹시 기쁜 일이긴 하지만 말이다.

언제부터인가 지역 유선방송 광고에 인근 최고의 시설이라는 ○○사우나 광고가 나오기 시작했다. 호기심에 저희 이모가 가는 길을 따라나섰던가 보다. 사실 나도 그즈음 새로운 사우나 문화를 접하게 되었다. 24시간 문을 열고, 남녀가 함께 들어갈 수 있으며(?), 헬스장도 있다는 소리에 궁금해 한두 군데를 '문화탐방(?)'차 가보았다. 한번은 단체 회의를 그곳에서 잡기도 했으니, 여하튼 아이에게만 사우나 타령을 한다고 뭐라 할 수도 없겠다.

한번 다녀온 아이는 그 후 제 엄마를 졸라 한 번 더 사우나 견학을 하게 되었고, 그 뒤로 사우나 타령은 보라매공원 가자, 한강 가자, 동물원 가자, 서울랜드 가자, 낚시 가자 등과 더불어 아이의 본격적인 주 요구사항이 되었다. 무엇 하나 쉽게 들어줄 수 있는 요구들이 아니었기에 그때마다 아이는 눈물바람을 해야 했지만 생각해보니 이 '사우나 가자'는 아이와 나 사이의 모종의 타협 지점이 될 수 있을 성싶었다.

종일 놀이방에 맡겨졌다 돌아와 다시 개량된 닭장촌으로 불리는 어둔 골목 다세대 주택 4층 방에 콕 처박혀야 하는 아이의 입장에서 보면 이 사우나 가는 길이란 얼마나 멋진 일상 탈출의 길이었겠는가. 버스를 두 번이나 탈 수 있고, 따뜻한 물을 만날 수 있고, 작은 풀장(?)에서 거북 등에 올라탄 토끼처럼 아빠의 등을 타고 이랴이랴를 할 수 있는 재미를 무엇과 바꾸겠는가. 더더욱 사우나실로 올라가면 맛있는 팥빙수와 음료수, 라면 등이 눈에 보이고, 전자오락에 빠져 있는 형들을 만날 수 있었다. 헬스장에서 이런저런 기구를 타고 놀 수도 있었다. 재수가 좋은 날이면 같은 놀이방에 다니는 친구들과 조우해서 맘껏 뛰어볼 수 있는 공간까지 얻을 수 있으니 이보다 더 쾌적하고 환상적인 놀이터가 아이에게는 없어 보였을 것이다. 덧붙여 다음 날 놀이방에 가서 "나 어제 우리 아빠랑 사우나 갔다"라고 아빠와 자신의 깊은 신뢰와 유대 관계를 친구들에게 자랑할 수 있었다. 아이가 눈물바람을 통해서라도 꼭 '사우나 가자'를 성사시키고 싶어 하는 건 어쩌면 너무도 자연스러운 일이었다.

나 역시 처음엔 사우나 가는 길이 별반 나쁜 선택 같지 않아 보였다. 무엇보다 종일 놀이방에 맡겨두었던 아이를 볕도 잘 들지 않는 방 형광등 아래 둔다는 것이 마음을 편치 않게 했다. 동네에 데리고 나가 놀 만

한 놀이터라도 있다면 모르겠지만 가난한 이들이 모여 사는 동네에는 그것도 없었다.

몇 년 전 놀이터라는 것이 동네 위쪽과 아래쪽에 한 군데씩 생겼지만 집 근처인 위쪽 놀이터는 이미 한참 전부터 노숙인들이나 불량기 있는 동네 아이들 전용 터로 변한 지 오래였다. 아이를 데려오는 해거름 녘이면 벌써 을씨년스러워 가볼 곳이 못 되었다. 그래서 가끔은 아이를 데리고 버스 투어를 하기도 했지만 역시 별 소득 있는 일이 못 되었다.

특히 아이와 사우나를 자주 가던 때는 늦가을이 지나고 있던 터라 더욱 갈 곳이 없었다. 대부분의 도시 서민 맞벌이 부부들이 경험해보았듯, 혼자 아이 찬거리를 준비해 밥해 먹이고 치우는 일과 좁은 집 안에 갇혀 몇 시간이고 아이와 놀아준다는 것이 보통 일이 아니었다. 그래서 가끔은 짜장면이나 배달이 가능한 돈가스 등으로 한 끼를 때우고 싶을 때가 많고, 손쉽게 텔레비전이나 컴퓨터의 전원을 켜게 되는 것이다.

그런 면에서 볼 때 사우나 가는 길은 아이의 절실한 요구에 아빠가 폼 나게 응해준다는 점, 어차피 동네 슈퍼에 한번 들러야 할 돈을 절약할 수 있다는 점, 딱히 놀아줄 거리를 찾지 않아도 기본이 준비되어 있는 곳이라는 점, 그러면서 나 역시 며칠 동안 지쳐 있던 몸을 푹 녹일 수 있다는 점 등이 매력 있게 다가왔다. 그래서 나중엔 내가 오히려 나서서 '사우나 가자'를 아이에게 권장하기도 했다. 물론 그때부터는 아이와 밀약을 맺기도 했다.

"음, 관호가 부탁하니까 아빠가 이번은 들어주는데 대신 엄마한테는 비밀로 하기다. 알았지?"

그래서 한때 내가 아이와 함께 있는 날이면 늦게 돌아온 아내가 우리 몸에 코를 대고 쿵쿵거리며 사우나의 흔적을 찾기도 했다. 우리는 물론 "안 갔어, 안 갔어" 하며 오리발을 내밀었지만 이내 깨끗해진 얼굴 가득 함박웃음을 짓는 것으로 탄로 났다.

이렇게 즐거운 순례 장소가 되기도 하고, 행복한 놀이터가 되기도 했던 사우나 가는 길이었지만 늘 그럴 수는 없어 지금은 많이 자제를 하는 편이다. 아이도 초등학교에 입학한 후로는 조금씩 이야기가 통해 막무가내는 아니게 되었다. 무엇보다 아이에게 돈을 지불해야만 즐길 수 있는 문화를 자꾸 접하게 한다는 것이 못내 찜찜했다. 주머니가 늘 허름한 형편이어서 경제적으로도 그것은 무척이나 고비용이 요구되는 부담스러운 일이었다.

사실 누군가에게는 좀 우스운 이야기일 수 있다. 사우나를 무슨 문화 공간으로 생각하다니, 무슨 위락시설이나 놀이터로 생각하다니 하면서 말이다. 하지만 어느 누군가에게는 간식인 빵이 어느 누군가에게는 간절한 생명의 밥이 될 수도 있음을 생각할 때 한 공간에 대한 평가 역시 다를 수 있다. 일례로 우리는 그 사우나에서 여러 번 동네 사람들을 만날 수 있었다. 그들 모두 때를 벗기거나 땀을 빼기 위한 목적보다 나처럼 아이와 놀아줄 공간을 찾아서, 좁은 집 밖으로 탈출해 그나마 깨끗한 환경을 느껴보기 위해서 온 가난한 사람들이었다.

그닥 싫지 않은 공간임에는 틀림없지만, 정작 우리 같은 도시 서민들에게 필요한 것은 사우나가 아니라 사우나를 찾을 수밖에 없는 문화적 환경을 바꿔나가는 일이다. 주차장인 골목, 볕 들 틈 하나 없이 들어선 집들. 땅과 자연이 그리워 옥상에 조그만 화분 하나씩 가져다 두고 안도해야 하는 삶들. 아침부터 저녁까지 맞벌이로 뛰어도 좋은 환경에서 마음 편하게 먹고살기 힘든 현실. 눈 떠서부터 얼마큼 자랄 때까지 창살이 달린 놀이방과 또 그렇게 창살이 쳐진 집 사이를 오가며 살아야 하는 아이들. 공공 문화 공간이라고는 찾을 길 없고, 특히 일 끝나고 돌아와 저녁나절에 아이와 함께 나가볼 만한 여유 공간, 문화 공간 하나 없는 삭막한 주변 환경들이 바뀌어야 할 일이다. 그렇지 않고, 이런 삭막하고 황폐한 문화 공간의 틈새를 비집고 들어온 대형 사우나 몇 개가 24시간 내내 전천후로 돈을 버는 게 무슨 의미가 있을 것인가.

이런 아빠의 고민을 아는지 모르는지, 사우나 덕에 물놀이를 배우고 잠수하는 법을 배운 아이는 지금도 가끔 사우나 갈 날짜를 약속하랜다. 조그만 대야에 물을 받아놓고 "아빠, 아빠, 나 몇 초 잠수하는지 세줘" 하며 고개를 파묻는다. 기껏해야 10에서 20초 안팎이지만 그 순간순간이 아이에겐 숨 가쁜 모험과 경이의 순간일 것이다. 이런 아이들에게 좀 더 좋은 세상과 환경을 마련해주어야 할 텐데, 아직은 갈 길이 멀다.

크리스마스에 사라진 아이들

혜진이와 예슬이를 돌려보내주세요
방학숙제가 밀렸다고 걱정일 거예요

혜진이와 예슬이를 돌려보내주세요
고봉밥 한 그릇이 남아 있어요. 짜장면 몇 가락이 아직 남아 있어요.

혜진이와 예슬이를 돌려보내주세요
엄마는 식당 찬모일, 아빠는 새벽 기계일 다니다 보니 혼자 놀던 아이들이에요

혜진이와 예슬이를 돌려보내주세요
이젠 우리가 아이들의 철봉이, 미끄럼틀이, 시소가, 그네가, 동물원이 돼줄게요

혜진이와 예슬이를 돌려보내주세요

이젠 절대 혼자 두지 않을게요. 이젠 정말 상처 주지 않을 게요. 이젠 정말 야단치지도 무시하지도 않을게요

혜진이와 예슬이를 돌려보내주세요

그 해맑은 웃음을, 변덕을, 토라짐을, 칭얼거림을 돌려보내주세요

_「혜진이와 예슬이를 돌려보내주세요」

관호가 나를 발로 찬다. 목을 잡고 매달린다. 공중그네를 태워달라고 내 발에 배를 올린다. 토라져 말도 안 하려고 한다. "약속은 아빠가 더 안 지키잖아" 하면서 훌쩍훌쩍 운다. 왜 아빠는 가고 싶은데 다 가면서 나는 못 가게 하냐고 또 운다. 꼭 제 엄마만 따라가겠다고 두려운 눈으로 나를 본다. 마르고 찬 내 손을 꼭 잡아 제 엄마의 손에 꼭 쥐어준다. 엄마를 자꾸 내 쪽으로 민다. "엄마한테 사과해, 빨리!" 한다. 어두운 게 무서워 자기가 잠들 때까지 꼭 불을 켜놓으라고 한다. 무턱대고 장난감을 사달라고 하다가도, 만화 『빈대가족의 가난탈출기』를 보고 난 후에는 "아빠, 더 깎아. 아빠, 물 그만 잠가. 돈 샌다. 돈 새" 하면서 소박한 가계를 걱정한다.

아이는 아빠가 같이 놀아주기를 바란다. 자기가 좋아하는 컴퓨터 게

임을 아빠가 한 번만 같이 봐주면, 해주면 좋겠다고 한다. 자꾸 날아가 버리려는 새의 발목을 잡듯 내 손을 잡고 놓지 않는다. 자기가 요즘 제일 좋아하는 노래 슈퍼주니어의 〈미라클〉이나 원더걸스의 〈텔미〉 뮤직비디오를 틀고 한 번만, 한 번만 같이 들어달라고 그 작은 손가락으로 '1' 자를 만들어 입에 붙이곤 잡은 내 손을 놓지 못한다. 그때마다 나는 1분도 채 못 돼 돌아서고 만다. 오라에라도 묶인 듯 잡힌 손을 뿌리치고 만다. 때로는 화를 내어 아이의 마음을 되레 상하게도 한다. 다시는 아빠 손 잡지 말라고, 말로 하라고 핀잔을 준다.

그러나 안다. 아이는 자기가 좋아하는 모든 것을, 자기가 찾은 모든 귀한 것을 아빠에게 나눠주고 싶은 거다. 아빠도 자기처럼 즐거워지기를 바라면서. 나 역시 아이를 꼭 껴안아주고 싶다. 백 번이고 천 번이고 사랑한다고 말해주고 싶다. 백 번이고 천 번이고 미안하다고, 잘못했다고 빌고 싶어진다. 하지만 나는 너무 많은 인생의 굴곡과 상처의 더께를 지나오며 굳어버린 나무다. 입을 열어 말해주지 못하고, 멀리서 지켜만 보며, 아이가 올라타도 놀아주지 못한다. 붙잡는 대로 따라가주지도 못한다. 그게 늘 미안하다. 내 아이에게가 아니라, 하나의 새 생명에게 미안하다. 나와 30년 차이밖에 안 나는 새로운 역사의 손짓에게 미안하다.

생각해보면 내 아버지에게도 미안하다. 나는 아버지에게 단 한 번도 동화책을 읽어주지 못했다. 단 한 번도 만화책을 읽어주지 못했다. 단

한 번도 카세트 라디오의 노래를 들려주지 못했다. 단 한 번도 아버지의 손을 따뜻하게 쥐어보지 못했다. 단 한 번도 아버지의 손을 잡아 끌어보지 못했다. 단 한 번도 아버지의 손을 부르튼 어머니의 손에게로 끌어보지 못했다. 단 한 번도 아버지와 단둘이 여행을 못해보았고, 단 한 번도 아버지의 등에 올라타지 못했다. 단 한 번도 아버지에게 발길질을 못해봤다. 단 한 번도 아버지 목을 잡고 헤드록을 못 해봤다. 단 한 번도 아빠 사랑해, 라고 말하지 못했다. 단 한 번도 아빠 미안해, 라고 말하지 못했다.

생각해보면 내 어머니에게도 미안하다. 어머니에게도 그러지 못했다. 어머니는 늘 바빴다. 어머니는 늘 부뚜막에 앉아 있었다. 우리가 잠들고도 천장의 쥐들처럼 한참을 달그락거렸다. 뛰어다니면서 밥상을 차렸다. 뛰어다니면서 일을 했다. 아버지를 찾아 나가 한참만에야 돌아오곤 했다. 가끔 머리채가 질질 끌리며, 펑펑 나자빠지며 저 멀리 겨울 밤길을 호곡하며 오는 소리가 들리곤 했다.

동화책은 늘 요 밑에 들어가 있었다. 어머니의 곡소리는 자주 들었지만 내 노래는 들려줄 틈이 없었다. 집이 작아 집 안에서는 어머니와 놀아줄 곳이 없었다. 방이 작아 방 안에서는 어머니를 즐겁게 해줄 수 없었다. 집 밖에서 노는 일이 많았다. 저녁밥 때가 되면 저 멀리서 "경동아, 경동아", "상동아, 상동아" 부르던 소리가 아련했다. 바쁜 어머니를 안아보았던 것은 내가 아직 걸을 수도 길 수도 없었을 한두 살 무렵뿐이었다.

이불에 쉬를 했다고, 몽당연필에 끼는 볼펜대를 잃어버리고 왔다고, 공책에 빈칸이 왜 이렇게 많으냐고, 성적이 이게 뭐냐고, 왜 아버지의 호주머니에서 돈을 빼냈냐고, 왜 넌 그리도 엄마 말을 듣지 않느냐고 종아리를 맞을 때, "엄마, 엄마, 다신 안 그럴게" 하며 어머니의 다리를 붙잡던 기억뿐. 달거리로 머리에 이를 잡아줄 때, 손톱을 깎아줄 때, 귀지를 파줄 때, 손등의 때를 불려 밀어줄 때, 그런 때에야 슬며시 어머니의 무릎을, 어깨를 짚어볼 수 있었다. 나는 어머니에게도 그렇게 사랑을 다 못 주었다. 기쁨을 다 못 주었다. 단 한 번도 그 늙은 식모를 '어머니'라고 높여 부르지 못했다. 단 한 번도 아버지의 주먹과 손아귀에서 어머니를 구하지 못했다. 어머니의 손을, 가슴을 만지지 못했다.

생각해보면 나에게도 미안하다. 나는 나에게도 사랑을 나눠주지 못했다.

나는 나를 위악한 아이로 만들었다. 수줍은 아이로 만들었다. 어득어득 고집 센 아이로 만들었다. 모난 돌, 좁고 습한 방, 그늘진 골목, 삐뚤어진 길로 만들었다. 요구하지 못하는 사람, 앞에서 말하지 못하는 사람, 눈을 보며 말하지 못하는 사람으로 만들었다. 가능성을 믿지 못하는 사람, 기다릴 줄 모르는 사람, 배려할 줄 모르는 사람으로 만들었다. 작은 행복도 두려운*, 작은 성취도 피하는 사람으로 만들었다. 독종으로 싸움꾼으로 만들었다. 몽둥이로 맞으면서도 눈 하나 깜짝 않고 이

악무는 사람, 제 살갗 위에 자해의 선도 긋는 비정한 사람으로 만들었다. 잡범방에 구부리고 앉아 식구통 문을 열고 닫는 사람으로, 유흥업소의 셔터를 열고 닫는 사람으로, 뒷골목을 서성이는 사람으로, 할 줄 아는 것은 노가다뿐인 사람으로, 할 줄 아는 것은 몸 팔아 먹고사는 일뿐인 사람으로 만들었다.

가슴속의 시도, 가슴속의 노래도, 가슴속의 농담도, 가슴속의 춤도, 가슴속의 그림도 다 묻어두어야 했다. 마음속의 사랑도, 마음속의 그리움도 다 묻어두어야 했다. 아버지에 대한 그리움, 어머니에 대한 사랑도 다 묻어두어야 했다.

긴 시간이 흘러, 어느 쓸쓸한 날. 이제 겨우 열 살, 여덟 살밖에 안 된 혜진이와 예슬이가 크리스마스에 사라졌다는 소식을 들었다. 내 아비처럼, 내 어미처럼, 식당일 나간 엄마, 기계일 나간 아빠를 혜진이는 늘 혼자 씩씩하게 기다렸다고 한다. 비 오는 날이면 혼자 빨래도 걷어놓고, 방걸레질도 해놓던 착한 아이라고 한다. 일에 지친 아빠를 위해 제 손으로 달걀말이를 하고, 아빠 양말을 벗겨주며 애교 떨던 착한 아이였다고 한다.

혜진이는 동네 화장품 가게에 들러 엄마 선물로 립스틱을 사서 예쁘게 포장해 갔다고 한다. 그리고 동네 놀이터에서 혼자 나온 예슬이를

● 문동만 시인의 첫 시집 제목 『나는 작은 행복도 두렵다』에서 빌려옴.

만나 놀았다고 한다. 오후 5시 무렵까지 저희들끼리 손잡고 놀던 아이들이 저녁밥 무렵이 되었는데도 돌아오지 않았다는 이야기를 들었다. 마음이 서럽고, 아프고, 쓰라렸다.

 길 잃은 아이처럼 허청허청 강원도 산길을 걷는데, 아들 관호에게 전화가 왔다.

 "아빠, 아빠, 언제 와?"

 이미 부재가 일상이 되어버린 아빠. 하지만 그래도 관호는 아빠를 사랑해주고 싶은가 보다. 자신을 버리지 않고 싶은가 보다. 우리 모두 따뜻해질 수 있다는 그 어린 꿈을 버리지 않고 싶은가 보다.

  혜진이와 예슬이를 찾아주십시오. 돌려보내주십시오.
  이 세상의 모든 관호와 혜진이와 예슬이가 슈퍼주니어가 되고 원더걸스가 될 수 있게 해주십시오. 그들이 다시는 이 그늘진 아비들처럼 되지 않게 해주십시오. 그들이 이 착한 어미들처럼 울지 않게 해주십시오. 그들이 그들끼리 어울려 캄캄한 한밤중까지 놀아도 위험하지 않은 사회를 만들어주십시오. 충분히 아이들을 돌봐줄 수 없는 너와 나, 우리 세대가 그들 세대들에게 너무 많이 미안해하지 않아도 되는 사회를 만들어주십시오. 내가 예전의 나를 다시 짓밟고, 내가 예전의 나를 다시 증오로 떨게 하지 않도록 해주십시오.

우리 아비들의 힘겨운 삶을 우리가 다시 살지 않도록 해주십시오.

제발, 제발 혜진이와 예슬이를 돌려보내주세요.

혜진이와 예슬이가 돌아오면 예전의 나도 나를 다시 찾을 수 있을 거예요. 당신도 잃어버렸던 당신을 찾을 수 있을 거고요. 부모 잃고 헤매던 모든 아이들이, 어른들이 환하게 웃으며, 처음 그 집, 아름답던 옛집으로 돌아올 수 있을 거예요.

제발, 제발 혜진이와 예슬이를 찾아주세요. 돌려보내주세요.

그 아이들에게 평온을, 평화를, 미래를, 꿈을, 사랑을, 희망을, 크리스마스 케이크를, 엄마에게 선물할 빨간 립스틱을 돌려주세요.

모든 이들의 안타까움에도 두 아이는 2008년 3월 초순 살해당한 채로 발견되었다. 범인 정 모 씨는 어릴 적 가난한 집에서 태어나 아버지로부터 심한 폭력과 학대를 받으며 자랐다고 한다. 일찍부터 문제아와 왕따로 찍힌 그는 사회에 적응하지 못하고 삐뚤어진 삶을 살아왔다고 한다.

정씨는 사형선고를 받았고, 뒤늦게야 경찰청은 실종사건 수사전담팀을 신설하는 등 '아동·부녀자 실종사건 종합대책'을 발표했다. 법무부도 성폭력 범죄자 조기 검거를 위해 DNA DB(유전자정보 데이터베이스) 구축에 나서겠다고 밝혔다. 사건이 발생한 경기 안양시와 인근 지방자치단체들은 위기 청소년 안전망 구축과 방범 CCTV 설치 확대에 나섰다. 근처 군포시는 CCTV 120대 그물망 설치 및 방범관제센터 24시간 운영, 의왕시는 관내 경찰서 신설을 강력 추진하겠다는 계획을 밝혔다. 안양시는 개인택시기사선교회와 범죄예방위원회를 민간구조지원단으로, PC문화협회와 상가연합회를 조기발견지원단으로, 아동시설보호소와 보육원 등을 복지상담지원단으로 참여시켜 어린이 범죄 예방을 위한 네트워크를 구성한다는 계획도 밝혔다. 정부는 죽은 아이들의 이름을 딴 법을 만들겠다고도 했다.

하지만 이는 모두 문제의 본질을 피해가는 일들이었다. 제2의 정 모 씨를 만들지 않을 수 있는 평등하고 평화로운 세상의 바탕을 만들지 않고는 가능치 않은 일이다. 착취와 지배와 폭력이 본성인 자본주의 사회문화 구조가 바뀌지 않는 한, 제2의 혜진이, 예슬이는 쉬지 않고 생겨날 수밖에 없다. 파탄 난 인성의 제3의 정 모, 제4의 강 모는 오늘도 끊임없이 도처에서 불쑥불쑥 튀어나오고 있다. 그 모두가 이 시대 최악의 악성종양인 자본주의에서 파생된 돌연변이들이다. 자본은 모든 평범한 이들의 삶의 여유와 안전을 보장하지 않는다. 모든 이에게서 평화와 안정을 빼앗은 결과가 그들에겐 부이기 때문이다. 이 오염원을 드러내지 않고는 그 수많은 독풀들의 생성을 결코 막을 수 없다.

지금도 죽어간 두 아이를 생각하면 눈물겹다. 모든 생이 안전한 세상을 꿈꾸며, 이제라도 평온하기를 바란다.

한 무명 시인의 죽음

잘 가세요. 형
비참도 우울도 분노도
산 자의 고통도 이젠 모두 벗고
치렁치렁 얽혀들던 늦은 밤
그러고도 늘 먼저 깨어나야 하던 이른 새벽
못다 이룬 사랑도 절망도 꿈도 모두 잊고
잘 가세요. 형

이젠 챙겨야 할 연장이 없겠군요
그래도 잘 살았어요. 암요. 걱정 마세요
예전처럼 노래라도 한 곡 부를까요
꺾정이춤이라도 한판 춰볼까요
개구쟁이들처럼 물놀이라도 한판 할까요
시대와 역사를 향한 빛나는 눈동자들이었다가

외로운 방, 말없는 술잔이 되기도 했던
우리의 슬픔과 곤혹에 대해선
이젠 말하지 말아요
암요. 기쁨이고 따뜻한 날들이었어요
최선이었고 최대의 행복이었지요

가시다 아쉬우면 저 별들처럼
가끔 우리의 쓸쓸한 눈동자를 바라봐주세요
그러곤 삶의 허름한 모퉁이 어디에선가
다시 봐요. 인적이 드문 어느 산길에서나
먼지바람이 휭하니 부는 낯선 객지 공사판
무슨 생각을 하는지 띄엄띄엄, 쓸쓸하게 들리는
망치소리로나 만나요
누군가 또 다쳤다거나 외로워한다면
그게 형인 줄 알세요
누군가 또 여리거나 아프다면
그게 형인 줄 알게요

증오할 일보다 사랑할 일이 많아요
암 그렇지요. 미워할 일보다

그리워해야 할 일이 더 많아요
누구보다 더 높이 올라갈 일보다
내려가야 할 일이 더 많고요
이룰 일보다 버릴 일이
커질 일보다 작아질 일이
더 많지요. 그럼요. 그렇지요

잘 가세요. 형
가서 다시 또 봬요
헤어져도 헤어지는 게 아니라는 말, 기억할게요
누구나 한 번은 가야 할 길
훼손되지 않은 노동자의 영혼으로
작은 이름으로 떠나가는 형의 삶이
잊혀지지 않을 거예요
짧은 날들이었지만 사랑했어요
형. 잘 가세요.

_「노동자 조영관 잘 가시라」

3일 동안 영관이 형 영안실을 지키다 돌아왔다. 알고 보니 〈솔아 솔아 푸르른 솔아〉의 원작자이기도 했던 박영근 선배와는 1980년 초반

철산동 자취방에 함께 살며 학습하고, 술 먹고, 노래 부르고, 춤추던 일생의 벗이며 형이었다고 한다. 박영근 선배가 부르면 꼭 가서 며칠씩 술만 먹는 그에게 숟가락으로 밥을 떠서 먹였던 선배라고 한다. 그러고 보면 문학과는 꽤 오랜 인연을 맺었건만 2002년에야 『실천문학』으로 늦깎이 등단을 했다고 한다. 당시 그의 등단 작품들을 보며 너무 좋았던 기억이 난다. 아, 아직도 노동 현장의 언어로 정직한 방식으로 시를 쓰는 사람이 있구나 하고 너무나 반가웠다. 그의 시는 초기 박노해의 시에서 느껴지는 진솔함과 감동이 물씬 담겨 있었다.

언젠간 꼭 만나고 싶다고 생각했는데, 2004년 어느 날 밤 그가 불쑥 전화를 걸어왔다. 노동자 생활문예지 『삶이 보이는 창』을 만들고 있을 때였다. 다시 노동자문학운동을 활성화시켜보겠다고 '전국노동자여름문학캠프'를 준비하고 있을 때였다. 영관이 형처럼 노동 현장에서 잔뼈가 굵고 세월을 버티면서도 따뜻한 서정을 잃지 않고 있는 이들이 무엇보다 필요할 때였다. 우린 서로 수호지 속에서 처음으로 만나는 사람들처럼 반가워했다. 형도 자신을 기억하는 사람이 있다는 것이 무척이나 기뻤나 보다. 가리봉시장 뒷골목 파전집에서 밤새 막걸리잔을 기울이며 우리는 금세 친해졌다.

형은 귀가 부처님 귀처럼 큰 사람이었다. 얼굴은 하회탈 같은 사람이었다. 누가 보나 노동자밖에 못 될 사람의 얼굴이었다. 만날 때마다 손톱 밑에 현장의 때가 시커멓게 끼어 있었다. 손등은 상처투성이였고,

손아귀엔 못이 박혀 있었다. 후배가 뭐라고, 늘 만나면 그 굵어진 손으로 얼마나 반갑게 두 손을 붙잡고 흔들며 놓을 줄 모르던지, 얼마나 어깨를 잡고 흔들어대던지. 그를 만나면 늘 따뜻했다. 겸손이 몸에 부드러운 흙처럼 배어 있는 사람이었다. 등걸이 굵어 그늘이 넓고 평화로운 사람이었다. 늘 이슬 젖은 촉촉한 눈을 하곤 누구에게도 모진 말 한마디 못 하는 사람이었다.

우린 자주 만났다. 노동문학과 지나간 시절들에 대해, 아직 오지 않은 세계에 대해 우린 꿈을 꾸며 얘기했다. 아무리 힘들더라도 잊지 말아야 할 인간다움에 대해, 예의에 대해 얘기했다. 한잔 얼큰해지면 지나간 시절의 노래를 불렀다. "장산곶 마루에~" 하며 형이 창을 길게 뽑고 춤사위를 하면 우린 젓가락을 두드리며 좋아했다. 우리에겐 같은 상처가 있었다. 1980년대라는 불의의 시대와 1990년대라는 회의의 시대를 거쳐오며 말없이 인내해야 했던 세월들이 있었다. 그것이 무엇인지도 모르면서 그것을 지키기 위해 벙어리처럼 입을 다물어야 했던 시절들이 있었다. 형은 외로웠던지 만나면 새벽녘까지도 잠들 줄 몰랐다.

워낙 자주 만났던 터라 강원도 어디 건설 현장에 와 있다던 연락을 받고는 한참 잊어먹어도 좋을 줄 알았다. 그런데 2007년 10월 어느 날 형이 간암이라는 연락을 받았다. 보신각 앞에서 '평택미군기지 이전 반대 30일간의 거리예술제'를 진행하던 중이었다. 나도 모르게 쌍욕이 터져 나왔다.

"이런 씨팔!"

왜 빨리 죽어도 시원찮은 인간들은 멀쩡하고, 저 높다는 하늘은 착하게 살아온 사람만 데려가려 하는지……. 싫었다. 늘 변방이고, 늘 고통인 삶이. 실제적인 사회 변화는 이루지 못한 채 모두가 개인의 방 안에서 아프게 살아가야 하는 삶들이…….

일이 끊긴 작년 겨울엔 러시아 소설을 다 보았다고 했다. 이제 조금 써야 할 것들이 눈에 보인다고 했다. 문학에 대한 순정이 참 깊었던 선배였다. 쉽게 쓰면 안 된다. 먼저 몸으로 살아내야 한다. 그런 선배였다.

영관이 형은 전남 함평 어느 골짜기에서 태어났다. 생가는 참 아름다웠다. 대나무밭 밑에 조그만 집. 서른 가구도 되지 않을 성싶은 작은 마을. 함평들이 있고, 근처에 영산강이 흐르는 참 유장한 고장이었다. 형은 후배들에게 "무엇은 안 된다"라는 말을 평생 한 번도 안 했다는데, 그 까닭이 이 너른 들과 깊은 강을 보며 살았기 때문이라고 생각되었다.

형을 묻고 돌아온 날, 한편의 사람들이 형을 두고 운동은 했어도 과학적, 조직적 운동은 안 했다고 했다. 또 한편은 형이 운동을 안 했으면 우리 중에 누가 운동을 했다고 자신 있게 말할 수 있냐고 했다. 그도 그럴 것이 그 동문들은 과거 모두 노동운동을 했던 사람들이지만 소수를 빼고는 모두 웬만큼은 사는 사람들이었다. 무슨 CEO고, 무슨 무슨 장이고, 진보정당 지역위원장이고, 국무총리실에 있고, 청와대에 있고,

정치조직의 리더고 하는 식이었다. 명함 하나쯤은 내놓을 수 있는 사람들이었다.

영관이 형은 운동은 제대로 못했는지 모르지만 노동자로 끝까지 살았다. 마지막에도 강원도 어느 곳에 교각을 놓는 공사 현장에서 90도 교각을 오르다 떨어져 병원으로 갔던 사람이다. 그런 사람을 두고, 과거의 기억을 통해 과학적, 조직적 이야기를 하는 건 맞지 않다.

하여튼 영관이 형이 주는 술을 4일 내내 받아먹었다. 사실 장지까지는 따라가고 싶은 생각이 없었다. 왜 내가 형의 마지막을 챙겨야 하는지 하는 마음도 없지 않았다. 그런 가난한 마음 때문에 아마도 영관이 형이 불쌍해 눈물이 더 났나 보다.

생가 앞에 노제를 차리고 그 앞에 영정을 가져다 두는데, 한 사람의 삶이란 뭔가 하는 슬픔이 몰려왔다. "엄마" 하며, 이 길을 뛰어왔을 배고픈 아이 하나가, 엄마는 들에 나가고 없는 집에서 두려움에 떨었을 아이 하나가 저 들녘을 넘어 서울로 가고, 청년이 되고, 어른이 되고, 이젠 외로운 유골 한 상자가 되어 맨 처음 출발했던 그 시골집으로 다시 돌아온다는 게 뭘까 하는 생각에 사무쳤다.

산다는 게 무섭고 싫었다. 민족이 뭔지, 계급이 뭔지, 변혁이 뭔지, 해방이 혁명이 뭔지. 그 작은 아이에게 너무도 많은 짐과 술을 부과했을 이 세상이 싫었다.

영산강에서 평생의 동지였던, 이젠 모두 오십 줄에 가까운 옛 벗들이,

저기 배에 실려가는 형의 유골함을 보며 노래를 부르자고 했다. 〈님을 위한 행진곡〉을 부르자고 모두가 일어섰다. 하지만 나는 일어나지 못했다. 한 구절도 따라 부르지 않았다. 하기도 싫었다. 그냥 눈물만 주룩주룩 흘렸다. '왜? 우리가 무엇을 잘못했는데 이렇게 슬퍼야 돼?' 하는 분한 생각뿐이었다.

생전에 시집이라도 하나 묶어야 하는 것 아니냐며 김해자, 백무산, 성효숙 선배, 그리고 실천문학에서 애를 썼던 것으로 안다. 『먼지가 부르는 차돌멩이의 노래』는 모두가 바라지 않았던 유고 시집이 되어버리고 만 셈이지만.

영관이 형은 누구의 삶보다 높지도 낮지도 않은 평범함 삶을 살았다. 그런 형의 삶이, 형의 시가 앞으로도 기억되길 바란다.

마지막으로 조영관 형이 평생의 후배였던 박영근 시인(2006년 5월 11일 운명)과의 인연을 남긴 글을 덧붙인다. 그의 착한 삶과 마음이 묻어나는 글이다.

■■■ 시인 **조영관**

1976년 서울시립대학교에 입학 후 학생운동 시작. 1980년 중반 출판사를 그만두고 인천으로 하방. 1987년 인천동림산업노조 위원장. 그 후 인천건설일용노조 활동과 더불어 제관용접공으로 생활. 2004년부터 안산에 '노동자 생활공동체 햇살'을 만들기 위해 노력하다 2007년 간암으로 별세.

영근이가 보고 싶다

영근이가 죽었다. 나의 벗 시인 박영근이 죽었다. 살아 있다는 것이 헛것만 같다. 정리가 되지 않는, 너무 아프고 우울한 밤들이 계속되고 있다.

대학 3학년 말 내 나이 스물여섯인가 일곱에 만났으니 모질게 이어온 인연이다. 영근으로 인해 내 인생은 변했고, 딱 영근이 때문이라고 말할 수 없지만 나는 출판사에서 노동 현장으로 삶의 터를 이동하지 않을 수 없었다.

어쨌든 내 젊은 날, 그 중심에 박영근이 있었다. 아직도 그의 죽음이 정리되지 않는다. 비틀거리면서 죽음으로 한 발 한 발 다가섰기에 더 아프다.

그는 이미 자신의 죽음을 예감하고 있었다. 아니, 죽기로 작정하고 있었다. 언젠가 그의 시집 『저 꽃이 불편하다』를 펼치면서 어느 시가 제일 맘에 드냐, 라고 물은 적이 있다. 그는 「봄비」라는 시를 짚었다. 「봄비」라는 시는 이렇다.

누군가 내리는 봄비 속에서 말한다
공터에 홀로 젖고 있는 은행나무가 말한다
이제 그만 내려놓아라
힘든 네 몸을 내려놓아라

네가 살고 있는 낡은 집과, 희망에 주린
책들, 어두운 골목길과, 늘 밖이었던

불빛들과, 이미 저질러진

이름, 오그린 채로 잠든, 살얼음 끼어 있는

냉동의 시간들, 그 감옥 한 채

기다림이 지은 몸속의 지도

바람은 불어오고

먼 데서 우렛소리 들리고

길이 끌고 온 막다른 골목이 젖는다

진창에서 희미하게 웃고 있는 아잇적 미소가 젖는다

빈방의 퀭한 눈망울이 젖는다

저 밑바닥에서 내가 젖는다

웬 새가 은행나무 가지에 앉아 아까부터 나를 보고 있다

비 젖은 가지가 흔들린다

새가 날아간다

"힘든 네 몸을 내려놓아라"라니. 그의 마음의 지경이 이러했으니 늘 그의 안위를 걱정하지 않을 수 없었다. 그가 오래 버티지 못할 것 같은, 예감 같은 게 있었다. 그러나 그날이 이렇게 빨리 올 줄은 몰랐다.

   그와의 마지막 만남이 가슴을 친다. 작년 5월 이맘때였을 것이다. 영근이가 나

를 불렀다. 세월의 힘을 간당간당 버티고 있는 것 같은 부평고 옆 그 낡은 쪽방에서 2박 3일을 같이 있었는데, 그것은 뭐라도 그에게 먹이기 위해서였다. 어적어적 먹어대는 내가 부끄럽게 "죽기로 작정했니" 해도 배달된 음식을 전혀 입에 대지 않고 술만 찾았다. 밥술을 뜨다가 대책 없이 울었고 그가 울면 나도 울었다. 존재의 무거움이, 또는 참을 수 없는 가벼움이, 업을 놓지 못하는 시인의 운명이, 이제 내 것이 아닌 사랑이, 5월 햇살의 눈부심이, 초라함이, 비천함이, 팽팽함이, 낯선 것이, 안타까움이, 그 모든 것이 눈물로 찾아와서 우린 얼굴을 서로 비벼대면서 울고 또 울었다. 같이 가장 많이 울어보았던 사람이 박영근일 것이다.

　울고 나면 이상하게도 밥이 들어갔다. 그러곤 잤다. 자다가 깨어나 보면 그는 술을 마시고 있었다. 3일째 되는 날은 음식을 입에다 억지로 떠먹이는 수밖에 없었다. 그렇게 한 그릇을 떠먹이고, "형 가면, 나 죽어" 했어도 나는 그의 곁을 떠나지 않을 수 없었다. 전철을 타고 오는데도 "어디야. 형아 돌아와라, 나 죽을 거야" 하며 몇 번씩 전화가 왔어도 나는 나의 길을 갈 수밖에 없었다. "나 죽을 거야" 해서 수원에서 부평까지 택시를 타고 달려간 기억도 있어 죽음이란 그 당시에는 허튼 농담이었다.

　그러곤 경기도 광주로, 춘천으로, 제부도 인근으로 떠돌아다니느라 그를 찾지 못했으니 그때의 말이 딱 현실이 된 셈이다.

　그는 그렇게 몸과 마음을 소진시켜갔다. 현실과의 먼 거리, 그것이 그의 운명이기도 했다. 시인밖에는 달리 할 일이 없는, 그는 대책이 없는 시인으로 자유인으로 살다 갔다. 그런 그가 좋았고, 한편 그런 그가 안타깝고 밉기도 했다.

여전히 나는 그의 죽음이 정리되지 않는다. 앞으로 여러 날을 이렇게 아플 것 같다. 그는 죽어서 정말 새라도 됐으면 좋겠다.

2006년 5월 어느 날, 조영관

3부.   이 상 한   나 라

ⓒ 정택용

요 근래는 깡패 시인으로 불리기도 한다. 시인이 아닌 기물파손범으로 불리기도 한다. 추도시 낭송 중 분을 참지 못해 두 번이나 그 비싸다는 무선 마이크를 내동댕이쳐버린 후부터다.

나의 모든 시는 산재시다

산재 추방의 날에 읽을
시 한 편 써달라는 얘길 듣고
멍하니 모니터만 보고 앉아 있다
또 뭐라고 써야 하지
무슨 말을 할 수 있지

잘린 손가락과 발들을 위로하면 될까
강압으로 목과 허리에서 탈출한 디스크 추간판들을 위로하면 될까
모든 부러진 뼈, 찢어진 눈, 터진 머리, 이완된 근육
닳아진 무릎, 손상된 폐를 위무하면 될까
압사, 추락사, 감전사, 질식사, 쇼크사, 심근경색, 유기용제 중독으로
하루에 여덟 명씩 일수 붓듯 착실하게 죽어간다는

모든 산재 열사들을 추모하면 될까

식당아줌마, 중국집배달부, 퀵서비스, 가정노동
모든 비공식 부문 노동자들에게도
180만 특수고용노동자들에게도
농업노동자들에 불과한 영세농민들에게도
산업폐기물이 된 노령인들에게도
산재보험 적용을 해달라고 간구하면 될까
산재 민간감시원을, 산재요양 기간과 적용 범위를 좀 더
늘려달라고
산재 주무 기관을 좀 더 민주화시켜달라고 청원하면 될까

산재 추방의 날에 읽을 시 한 편을 써달라는 얘길 듣고
멍하니 모니터만 보고 앉아 있다
사무직 노동자들은 산재가 없을까
서비스직 노동자들은 산재가 없을까
전문직 종사자들은 산재가 없을까
내 아내에게는 내 아이에게는 산재가 없을까
사랑하는 사이에는 산재가 없을까
신체가 늘어지거나 부러지거나 잘리는 것만이 산재일까

비정규직으로, 실업으로 쫓겨나는 것은 산재 아닐까
　쪼들리는 삶으로부터 오는 모든 정신의 훼손과 관계의 파탄은 산재가 아닐까

　나의 모든 시도 실상은 산재시다
　내가 외로움을 이야기할 때 그것은
　모든 형태의 산재로부터 자유롭지 못한
　이 세계에 대한 항의다
　내가 자연을 그리워할 때 그것은
　모든 조화로움으로부터 쫓겨난
　근본적인 산재에 대한 항변이다

　보라, 저 거리에 나온 모든 상품들도
　불구의 몸으로 산재를 앓고 있다
　보라, 저 거리에 선 모든 나무들도
　팔다리 잘리며 산재를 앓고 있다
　보라, 저 들녘 강물의 모든 실핏줄들도
　검은 가래에 막혀 산재를 앓고 있다
　보라, 저 하늘 위에서 내리는 모든 눈도 비도
　산재에 물들어 있고, 보라

저 하늘의 오존층도 우리의 폐처럼
숭숭 구멍 뚫리고 있다

이 모든 산재를 보상하라고
우리는 말해야 한다
이 모든 산재를 지속가능한 상태로 되돌리라고
우리는 요구해야 한다 누구에게? 저 자본에게
우리의 잘린 손가락과 발가락을 모아
닳아진 무릎뼈와 폐혈관과 혼미해진 정신들을 모아
배부른 저 자본에게 우리는 요구해야 한다
이윤이 중심이 아니라
건강과 안전과 평화와 연대가 중심이 되어야 한다고
가장 악독한 산재, 이 눈먼 자본주의를 추방해야 한다고
모든 스트레스의 근원인 착취와 소외의 세계화를 막아야 한다고
모든 사랑스런 관계들을 파탄으로 내모는
이 불안정한 세계를 근절해야 한다고

산재 추방의 날에 읽을 시 한 편 써달라는 얘길 듣고
멍하니 모니터만 바라보고 있다

자본주의를 추방하지 않고
산업재해 없는 세상이 올 수 있을까
생각하면 이렇게 간단한데 그것이 왜 이다지도 어려울까
나와 우리가 진정으로 겪고 있는
가장 엄중한 산재는 이것이 아닐까
더 이상 희망을 말하지 못하는
다른 세계를 꿈꾸지 못하는
이 가난한 마음들, 병든 마음들
    _「나의 모든 시는 산재시다 – 세계 산재 노동자 추모의 날을 맞아」

'차별 없는 서울행진단'이 구로공단에서 집회를 연다 해서 잠깐 들렀다가 잘 아는 형을 만났다. 쉰하나. 대학 중퇴 후 노동운동을 하겠다고 나섰다가 평생 마치코바(영세 공장)와 건설 현장 일용 노동일을 하며 사는 형이다.

처음엔 못 알아보고 옆 사람하고만 인사를 나눴다. 힐끗 쳐다보는데 자세히 보니 형이었다. 얼굴이 이제 막 뇌수술을 받은 사람 모양으로 심하게 부어 있었고, 부채 모양의 선전물로 얼굴을 가리고 있어 잘 몰라본 거였다.

"아니, 형 이게 웬일이에요?"

기가 막혔다. 일용으로 나가 용접일을 하는데 육중한 철구조물인 주차 파렛트가 덮쳐왔다고 한다. 세상에 태어나 주차 파렛트가 무너지는 것은 처음 봤다고 한다. 다른 게 무너지는 것은 많이 봤다는 말이니 좋은 이야기도 아니었다.

　죽을 뻔했는데 다행히 코뼈만 주저앉았다고 한다. 못 피했으면 압사다. 내일 수술인데 좀이 쑤셔 나왔단다. 태어날 때부터 지체 장애인 아이를 숙명처럼 키우며 평생이 고생인 형이다. 운동이 뭐라고 좀 쉬시지, 라는 말이 입 밖까지 나왔다가 들어갔다. 그 마음을 어떻게 함부로 이야기할 수 있을 것인가.

　다행히 산재 처리는 받게 되었다고 한다. 생각하면 큰일인데도 몇 마디 의례적인 인사만 건네고 덤덤히 앉아 함께 집회를 보았다. 십수 년을 보아도 별 달라지지도 않는데 그렇게 우리는 똑같은 자리에 앉아 집회를 본다. 도처에 고난뿐인 사람들로 둘러싸여 사는 삶인지라 웬만한 아픔에는 심드렁해지기도 한다. "죽진 않았어. 그러면 됐어" 하기도 한다. "또 죽었대. 왜 죽었대. 그냥 살지" 하기도 한다. 왜 이렇게 감성마저 메마르고 말았을까.

　다음 날 한 선배의 권유로 산악회 모임에 처음 가보았다. 치악산이었다. 산 초입부터 두려움이 밀려들었다. 스물 초반부터 서른 초반까지 종일 쭈그려 앉아 하는 용접과 배관일을 하며 두 무릎과 허리가 다 망가져 있었다. 산소통과 알곤통과 LPG통과 오비키(건축자재로 쓰이는 가장 굵은 통나무를 말한다)와 파이프관과 앵글더미와 철근더미와 7인치

그라인더와 함마드릴과 너무 친하게 지냈던 결과였다. 잔업철야를 너무 좋아했던 까닭이다. 야리키리(공사 현장 은어로 단축공정을 일컫는다)를 너무 좋아했던 까닭이다. 종일 허리 한 번 펴지 않고 쭈그리고 앉아 용접 불빛만 쫓던 결과다. 작년 초엔 두 다리를 무거운 부대처럼 질질 끌고 다니다 숙원이었던 무릎 관절 수술을 받던 어머니의 병상을 지키며 부러워하기도 했었다. 겉은 말짱한 청년인데 근육과 관절은 노쇠해 버린 내 청춘이 서글펐다.

예상한 대로 한 시간 정도 걷고 나니 오른쪽 무릎이 뻐근해지기 시작했다. 내색할 수 없는 고통이 점점 심해졌다. 푸르른 산도, 화기애애한 관계들도 모두 아득히 멀어져 갔다. 빨리 평지가 나오길 바라는 마음뿐이었다. 튼튼하게 서 있는 나무가 부러웠고, 초록으로 다시 태어나는 나뭇잎들이 부러웠다.

과한 이야기처럼 들릴지 모르겠지만 이렇게 산재를 겪다 보면 나뭇가지 하나도 함부로 부러뜨리고 싶지 않다. 그들에겐 인재가 산재일 터다. 식은땀을 흘리며 혼몽하던 밤들이 생각나 맑은 시냇물을 흩트려놓고는 미안해서 빨리 정화되기를 소망해본다. 못 하나를 박을 때도 정확히 가격해서 몇 번에 박아주고 싶다. 너무 많이 아프지 않게. 철근 하나도 한 곳만을 너무 많이 사용해 근골격계 질환에 시달리지 않았으면 한다.

하지만 이 세상 자본가들은 같은 인간인데도 그런 마음으로 인간을 대하지 않는다. 인간의 몸값과 같은 돈을 주고 산 기계는 무척이나 아끼지만 인간은 마모될 때까지 쓰고 싶어 한다. 안전을 위한 조치보다는 피치 못하게 책임져야 할 산재가 일어나면 그때 보상이나 해주고 끝나길 원한다. 그것이 일상적인 안전유지 비용보다 훨씬 덜 들기 때문이다. 오히려 생색을 낸다. 그렇게 생산된 모든 가치가 사유화된다. 모든 걸 가지면서 그들이 지는 책임은 불과 일부분이다. 국회의원들은 그런 조삼모사의 산재보상법을 만들며 생색을 낸다. 똑같은 강도, 도둑놈들이다.

보라. 이 자본주의 사회에서 산재 아닌 것이 있는지. 모든 실업도 산재다. 모든 파탄 난 사랑의 많은 부분도 산재다. 가정불화의 대부분도 산재다. 독거노인도 거개가 산재다. 모든 교통사고의 주요인도 산재다. 모든 생태위기도 뿌리는 산재다. 이런 사회다 보니 가지지 못한 자들은 축복 어린 아이를 가지면서도 어떤 재난을 떠올린다. 삶 자체가 재난의 연속이다. 모두 무한정한 이윤 획득을 목적으로 하는 자본주의가 만들어내는 의도된 결과다.

그럼에도 우리는 아주 작은 것들만을 요구한다. 명백한 산재에 대해서라도 최소한의 책임을 다해주기를. 누구라도 명백한 산재에 대해서는 보상받을 수 있게 해달라고, 조금은 더 안전하게 일할 수 있게 해달라고, 조금은 더 안전하게 착취받을 수 있게 해달라고, 아주 소박한 것을 요구한다. 하지만 그 소박한 부탁마저 번번이 배신당하고 만다.

4월 28일이 세계 산재 노동자 추모의 날이란다. 그런데 세계 자본주의 추모의 날은 언제나 오는 것일까. 그런 날도 빨리 와서 시 한 편 써 보면 참 좋겠다.

■■■ 세계 산재 노동자 추모의 날

1993년 4월 28일 태국의 심슨인형 제조공장에서 188명의 노동자들이 죽은 대형 화재사고가 일어났다. 평소 노동자들이 인형을 훔쳐갈지 모른다며 공장 문을 잠가두는 바람에 탈출할 수 없었기 때문이다. 이를 계기로 매년 4월 28일을 '세계 산재 노동자 추모의 날'로 정해 세계 노동자들이 함께 산재 추방을 외치고 있다. 현재 13개국에서 국가 기념일로 지정되었으며, 110개국에서 매년 공동행사를 열고 있다.

굿 모닝, 우리는 오늘도 안녕한가

동희오토는 충남 서산에 있는 자동차공장이다. 사람들은 현대·기아차는 알아도 동희오토는 모른다. 동희오토는 현대·기아차에서 판매하는 '모닝'을 생산하는 외주 하청공장이다. 2004년 1호차가 생산된 이후 100만 대 판매기록을 달성한 '모닝'은 유명하지만 희한하게 그것을 만든 동희오토는 유령처럼 가려져 있다. 음지에서 일하고 양지를 지향한다는 국정원보다 더 비밀스런 공장이다.

맞다. 이 공장은 유령공장이다. 이 유령공장에서 900명에 이르는 비정규직 하청노동자들이 법정 최저임금보다 50원 정도를 더 받으며 일하고 있다. 주야 맞교대로 잔업 특근으로 '빽이 치면' 140만 원 정도를 받는다. 모닝은 정규 차인데, 그것을 만드는 노동자들은 모두 비정규 인생들이다.

2005년 이후 이 공장에서 수백 명의 노동자들과 다수의 위장 하청업체들이 계약해지의 방식으로 부당해고를 당했다. 그렇게 쫓겨난 동희오토 비정규직들이 근 5년째 원청사용자성 인정과 부당해고자 복직,

민주노조 인정 등을 요구하며 싸우고 있다.

그렇다. 그래서 그렇게 얘기하는 게 맞다. 2010년 10월, 100여 일째 양재동 현대·기아차 앞에서 노숙을 하고 있는 동희오토 비정규직 노동자들. 그들은 사람이 아니다. 그들은 잠시 잠깐 엔진을 굴리는 기름이거나 마모되면 버리고 새것으로 교체해야 할 공구에 불과하다. 하청에 재하청을 통해 사고팔 수 있는 값싼 산업소비재들이다.

그렇다. 그렇게 얘기하는 게 맞다. 그들은 현대·기아차와 아무런 상관도 없는 이들이다. 정몽구 회장과는 아무런 상관도 없는 이들이다. 그들이 살인적인 주야 맞교대로 생산한 '꿈의 모닝'이 기아 상표를 멋지게 달고 100만 대가 팔려나갔다 해도 그들과는 무관한 일이다.

그들이 생산한 '모닝'의 연구개발, 마케팅, 판매, A/S를 현대·기아차가 하고 있다 해도, 동희오토의 몸인 토지와 건물이 모두 현대자동차 소유라 해도, 장기인 생산라인의 기계장치가 정작은 현대캐피탈에서 금융리스로 빌려 쓰는 것이라 해도, 모닝의 가슴인 엔진이 현대자동차 울산공장(가솔린)과 기아자동차 화성공장(디젤)에서 만들어진다 해도, 현재 진행 중인 공장 증설을 기아자동차 생산기술팀이 직접 한다고 해도, 혹여라도 다른 생각을 못 하게 동희오토 주식의 35퍼센트를 현대·기아차가 갖고 있다고 해도, 그래서 동희오토의 피땀인 수익의 대부분을 현대·기아차가 가져간다고 해도, 기아자동차 소하리 공장장이 좌천되어 동희오토 공장장으로 오고, 동희오토 공장장이 기아자동차 소하리 공장으로 승승장구해 간다 해도, 우리는 철석같이 그렇게 믿어야 한다. 동희오토 비정규직 노동자들은 현대·기아차와 아무런 관계가 없다.

안타깝지만 동희오토 비정규직 노동자들은 동희오토와도 아무런 관계가 없다. 동희오토는 다시 생산라인별로 열일곱 개의 문어발 위장도급사로 나뉘어져 있다. 그들은 그 열일곱 개 문어발의 어느 빨판엔가로 흡수된 값싼 먹이였을 뿐이다. 감히 누군가 본인이 실제로는 동희오토 소속 노동자라고 얘기를 하는 사람이 있다면, 실제로는 현대·기아차 소속의 노동자라고 얘기를 하는 사람이 있다면 동희오토는 가차 없이 그를 빨아들인 문어발을 잘라내버렸다. 아니 법인명을 바꿔버렸다. 잘린 문어발은 그대로 있고, 그 안의 먹이들 이름이 소수 바뀌었을 뿐이다.

그렇다. 그렇게 얘기해야 한다. 그래서 그들은 이 나라의 국민도 아니다. 노래패 꽃다지의 노래에 나오는 '궁민'조차도 못 된다. 주야 맞교대로 언젠간 다가올 '굿 모닝'을 위해 일했지만 이 나라의 행정관서와 법정은 '그들은 유령이었을 뿐'이라고 얘기한다. 당신들은 실제로는 존재하지 않는 사람들이라고 얘기한다. 당신들이 했다는 노동의 공간과 시간들은 실제로는 이 세계에 존재하지 않았던 것으로, 망상이라고 한다.

그렇다. 그렇게 얘기해야 한다. 이 나라는 이상한 나라다. 존재하되 존재하지 않는 890만 비정규직 노동자들이 하청에 재하청으로, 파견노동으로, 특수고용노동자로 살아가야 하는 이 사회는 유령들의 사회지 정상 사회가 아니다. 비교할 바는 아니지만 중세 봉건시대 각 영주들이 나서서 나의 노예라고, 내 나라의 노예들이라고 소유권을 주장하던 시대의 노예들은 그래도 행복했다. 반대로 명백히 부림을 당하고도 그 주인인 현대·기아차로부터 나는 너를 부려먹은 적이 없다는 말을 들어야 하는 동희오토 비정규직 노동자들은 그런 처지로 이 땅을 살아가는 890만 명 비정규직 노동자들은 중세 봉건시대 영지에서 살던 노예들의 처지보다 더 끔찍하다고 얘기해야 한다.

그렇다. 그렇게 얘기해야 한다. 그런 동희오토 비정규직들이 이 땅 어딘가에서 100여 일째 외롭게 노숙을 하고 있음을 까맣게 잊어버리고 나만의 '굿 모닝'을 위해 깨어나는 이 땅 모든 '굿 모닝'은 슬픈 인사라고. 그런 피의 '모닝'을 타고 일터로 가야 하는 우리의 아침이 참담하다고. 이 이상한 나라에서 우리 모두는 언제까지 안녕할 것인가. 눈물이 난다.

이 땅에선 꿈꾸는 자 잡혀간다

2007년 4월 19일, 사진작가 이시우가 연행되었다. 그리고 4월 23일, 국가보안법 위반 혐의로 구속영장이 발부되었다.

10여 년 전 그가 '사진연구소'를 할 때 이런저런 회의 자리에서 몇 번 그를 만났던 기억이 났다. 그러곤 4년여 전 한 벗이 급작스럽게 세상을 떴을 때 장례식장에서 스치듯 그를 만났던 기억이 났다.

도대체 무엇이 그를 가뒀는지 궁금해 그의 홈페이지를 찾아가보았다. 지난 몇 년간 그의 삶이 다소곳이 펼쳐져 있었다. 못 보던 새 그는 훨씬 더 성숙해진 모습이었다. 사진 한 점 한 점이 모두 또렷했다. 거기에 짤막히 덧붙여놓은 잠언들은 시를 쓴네 하고 다니는 내 얼굴이 부끄러움으로 붉어질 만큼 깊고 고요한 사색의 바다에 들어 있었다. 무식한 국가보안법의 눈과 잣대가 아닌 창작자의 영혼에 비춰볼 때, 그는 이미 당대 역사와 현실마저 훌쩍 뛰어넘어 어디론가 가고 있는 구도자의 얼굴이었다. 어떤 깊은 슬픔이 그를 이토록 고독하게 만들었을까.

그는 이 고독의 내면을 쫓아 역사의 둔중한 무게에 깔려 있는 작은 것들, 묻혀 있는 것들, 터질 듯한 자유를 향한 열망을 거세당하고 인위적으로 막혀 있는 것들을 찾아다녔다.

그 현장이 비무장지대였다. 그곳에서 그는 뻥 뚫린 가슴에 풀 한 포기를 키우고 있는 녹슨 포탄이 되고, 철조망 쳐진 가슴이 되고, 빗물에 씻기는 낡은 침목이 되어 누웠다. 대인지뢰에 잘려 뭉툭해진 팔과 다리가 됐고, 더는 오갈 데 없이 하늘을 물들인 붉은 노을이 됐고, 빈 나룻배가 됐고, 진창 위에 신기루마냥 잠시 맑은 얼굴을 내비친 여우비가 됐다. 가끔은 마침내 이 질곡 같은 땅을 벗어나 서해로 드는 지친 얼굴을 한 강물이 되기도 했다.

그런데 이제 그 외로워서 고귀한 마음이 국가보안법 위반이라고 한다. 그 작품들이 군사기밀 누설로 '적을 이롭게 하기 위해' 제작된 이적표현물이라고 한다. 그이 사진에 찍힌 이름 모를 작은 풀 한 포기, 저무는 하늘, 타는 노을, 검은 산, 진창 위에 고인 비 한줄기, 그 모든 것들이 '적을 이롭게' 할 군사기밀이라고 한다.

더더욱 '적'이라니, 새가 웃을 일이다. 누가 '적'인가. 2000년 6월 15일, 남북 정상은 '회합·통신'을 통해 "남과 북은 나라의 통일 문제를 그 주인인 우리 민족끼리 서로 힘을 합쳐 자주적으로 해결해나가기로 했다"고 밝혔다. 나아가 "남과 북은 나라의 통일을 위한 남측의 연합 제안과 북측의 낮은 단계의 연방제 안이 서로 공통성이 있다고 인정하고 앞으로 이 방향에서 통일을 지향해나가기로 했다"고 합의했다.

도대체 누가 '적'인가? "경제협력을 통해 민족경제를 균형적으로 발전시키고 사회·문화·체육·보건·환경 등 제반 분야의 협력과 교류를 활성화하고 신뢰를 다져나가기 위해" 하루에도 몇 번씩 북을 돕기 위한 물자들이 38선을 넘고, 남북 군사 담당자들이 모여 서로의 1급 군사기밀 지역을 관통하는 경의선과 동해선 열차 운행에 합의하고 있는 이 시대에, 한강에서 띄워 보낸 평화의 배가 이적이고, 남북의 평화로운 공존을 기원하는 마음으로 '혼자 떠난 3000리 걷기 구도여행'이 이적이란 말인가?

도대체 들어갈 수도 없는 저 철책선 바깥에서, 또는 유엔사와 합참의 취재 허락과 지원을 받아 들어간 비무장지대에서 찍은 사진 몇 장이 얼마나 '적을 이롭게' 할 수 있다는 말인가? 미국 국무부에서도 비밀 해제한 문서의 내용을 국내에 소개한 것이 이적인가? 그렇다면 이적이 될 줄 알면서도 문서를 공개한 미국 국무부가 이적인가? 1급 군사기밀 지역을 '적'인 그에게 공개하기로 한 남측 군사 담당자는 얼마나 이적인가? 더더욱 '이적'을 호시탐탐 잡아내고 때려잡는 무소불위, 단 하나의 법인 '국가보안법' 폐지에 서명한 국회의원 나리들의 행동은 얼마나 큰 이적 행위인가?

과거 이적 행위로 명백히 처벌받았던 자들을 이 나라 대통령으로 뽑고, 국회의원으로 뽑고, 경기도지사로 뽑은 국민들은 또 얼마나 위험한 이적 행위자들인가? 하루에도 몇 번씩 남북의 화해와 교류 소식을 전

하며, 북이 이젠 더 이상 늑대의 얼굴을 한 '적'이 아닌 통일의 대상임을 간곡히 선전·선동하는 한국 사회 모든 언론은 또 어떤가? 군사기지의 무슨 표지 하나가 아니라 미군 작전 계획 5027의 내용들이 버젓이 소개되는 이 모든 언론을 도대체 어떻게 할 셈인가?

'적을 이롭게' 할 일임을 알면서도 시도 때도 없이 지역감정으로 국론을 분열시키고, 제 정치적 잇속만으로 분열과 혼란을 거듭하며 이 사회에 대한 뿌리 깊은 불신과 회의만을 조장하는 정치인들을 어떻게 할 셈인가? 빈곤으로 내몰린 국민들의 체제에 대한 분노가 가장 크게 '적을 이롭게' 만들 수 있는 토양 조성임을 알면서도 850만 명에 이르는 국민을 비정규직으로 내몰며 불안을 가중시키고 있는 불온한 정치인들과 자본가들을 어떻게 할 셈인가?

이렇듯 '적' 자체가 성립되지 않는 현실에서 오히려 우리 사회 공공의 '적'은 수많은 자가당착과 냉전적 사고로 똘똘 뭉쳐져 처치 곤란인 국가보안법, 바로 너다.

그만한 사유로 작가 이시우와 또 누군가가 갇혀야 한다면 나 역시 구속하라.

나는 북을 '적'으로 생각하지 않는다. 만나야 할 사람들로 생각한다. 나 역시 미군이 하루속히 무장을 해제하고 제 나라로 돌아가 평화롭게 살아가기를 바라는 '대한민국 국민'의 한 사람이다. 정전협정에 기반한 유엔사가 해체되고, 평화가 이 땅에 도래하기를 당연히 기원한다. 세상의 모든 군국주의와 그 무기들이 역사의 뒤안길로 사라지고, 호혜와 평등, 다양한 인류의 협력과 조화만이 가득 찬 세상을 꿈꾼다.

누구만의 사유물일 수 없는 자연과 대지에 함부로 소유권을 붙이고, 그도 모자라 타인들이 피땀 흘린 결실들마저 초과 착취하고 과도하게 독점할 수 있는 폭력과 반인권의 자유를 허하는 이 자본주의 사회의 룰을 나는 거부한다. 그 아름다운 꿈을 위해 해야 할 일이 있다면 미력한 힘이나마 보태며, 그런 사회가 내 영혼 깊숙이 심어둔 모멸감, 각종 열패감, 소외와 모순을 넘어 진정으로 해방된 사회의 인간이 되고 싶은 한 사람이다.

특히 나는 이런 내 사상과 상상력을 숨기지 않고 시로 표현해왔다. 이시우 작가가 찍은 사진보다 더 직접적이면서 덜 다의적인 '문자언어'를 통해 나를 표현해왔다. 이시우 작가가 분단의 현장을 쫓았다면 나는 소외와 착취의 현장을 쫓았고, 이시우 작가가 군국주의와 유엔사와 대인지뢰와 핵잠수함과 열화우라늄탄만을 문제 삼았다면, 나는 그 모든 것들이 지키고 있는 핵심이 '자본주의'라고 여기고 그 해체를 주장했다.

그런 내 상상력과 시가 초등학교 교과서에서도 가르치는 자유와 평화와 평등의 내용보다 앙상하고 도덕군자연 하는 것이면 어떡할까 부끄러워 수많은 참여와 실천을 통해 나를 담금질하려고 노력했다. '역사적 자본주의와 사회주의'의 공과를 넘어 다른 세계를 꿈꾸는 수많은 불온한 서적들을 탐독하며 그 이행의 주체와 경로들을 찾으려 했다.

언제부터였냐고? 미안하지만, 그것은 아주 어릴 때부터였다. 내게 이 세계는 모두 벗어나야 할 수렁이거나 오랏줄처럼 느껴졌다. 반대로 내게 이 세계는 어떤 경계도, 국경도 없는 곳으로 느껴졌다. 나는 늘 이미 온 것들을 떠나 아직 오지 않은 것들을 꿈꾸었다. 그게 사람이라는 것을 알았다. 때에 따라서는 이 지구를 떠나 다른 먼 별나라로 가는 꿈을 꾸기도 했다. 그렇다면 지구의 법으로 이 우주의 상상을 탄압할 것인가.

이런 내게 지켜야 할 국가가, 국가보안이, 하물며 '적'이 어디에 있겠는가. 소유가 어디에 있으며, 내 역사적 생명의 나이가 어디에서 어디까지라고 어떻게 말할 수 있겠는가? 내게 삶이 어디에 있으며, 죽음이 어디에 있겠는가? 그런 내 생명 어디까지를 너희가 붙잡아 가둘 수 있겠는가? 오히려 내가 더 위험하게 느껴지지 않는가?

나의 체포를 위해 궁금하다면 최근 몇 년간 나의 작업들 중 몇 대목을 일별해줄 수도 있다.

먼저 나는, 2002년 12월 1일 오후 2시 30분 종묘공원에서 열렸던 '국가보안법 장례식'에 참여해 국가보안법, 너의 죽음을 '허위 유포'한 사실이 있다. 죄로 치자면 말해 뭐할 건가. 전문이다. 이 시로도 충분하다면 다음 자백들은 굳이 읽어보지 않아도 되겠다.

부고를 내어라

어둔 지하에서 양지를 그리며

내내 병상이던 국가보안법 돌아가셨다

조등을 달아라

저 바다 건너에서도 잘 보이게

삼천리 방방곡곡에 봉화를 내걸어라

동학농민의 피맺힌 함성, 그 핏빛 노을은 하늘에 올리고

식민지 독립투사들의 불씨들은 모아 백두산 상봉에 올려라

4·3, 여순 양민의 넋들이 한달음에 오르는 저기 한라산

사랑했던 사랑들이여 보이느냐!

4·19의 타다 만 젊은 숯들이 떼 지어 오르는 저 남산

5월 광주의 화톳불들이 모여 비추는 저 무등의 환한 얼굴

골리앗에 오른 젊은 노동자들의 불꽃이

동해바다를 환하게 밝히는 이때

어서 빨리, 이자 매달 칠성판을 내어오너라

사지육신 결탁할 한지를 내어오너라

한지로는 찢기고 찢긴

하얀 옷의 넋들을 내어오너라

조봉암의 수의를 내어오고
서도원 도예종 하재완 송상진 이수병 우홍선 김용원
인혁당 내 푸른 청춘 여정남의 수의를 내어오너라
김상진 열사의 할복의 칼끝에 구멍 뚫린 내의를 가져오고
박종철 열사의 물에 젖은 내의를 가져와라
이한열의 이마를 닦던 핏빛 손수건을 내어와 잇고
지랄탄에 숨 막히고 곤봉 앞에 피 흘리던
모든 청춘의 마스크를 내어와 이어라
이어서 이 망령된 자를 묶어라

상주로는 조선일보를 예 오게 하라
국정원 시경 공안과 비밀경찰 보안대 모두 예 오게 하라
그것을 낳은 친일 친미 망령들 죄다 불러 젯밥 먹이고
망령된 지식인들 죄다 불러
상차림 시키라. 꺼이꺼이 곡하게 하라
민중들 주리 틀려 탈진하던 긴긴날 그리워
민중의 고혈로 영영 살자던 세월 그리워
곡하다 탈진케 하라

미워도 고와도

상여는 메어주는 게 민중의 법
우리 등이 또 한 번 더러운 땀으로 젖고
고통전담으로 허물어질지라도
이 상여만큼은 우리가 꼭 메야겠다
다시는 다시는 너 보지 않겠다는
각오로 이 앙다물고 메야겠다

어화 가자 어화 가자
삼팔선 넘어 경의선 따라 동해선 따라
금강산 뱃길 따라 직항로 따라
그리운 북녘땅
어화 넘자 어화 넘자
만승천자 진시황도
불사약을 못 구했으니
가는 운명 서러워 말고
이 땅 아쉬움 다 가져가

표현의 자유 고문하던
모든 형틀도 함께 가져가
기만적인 노동조합법 노동쟁의조정법

착취에 대한 어떠한 도전도 반체제로 모는
허울뿐인 민주주의
생존권을 무참히도 짓밟던
모든 공권력과 함께 가
정부가 만나면 통일 운동
민이 만나면 반체제 운동
이 모든 어불성설도 모두 가져가

타는구나 잘 타는구나
농민들 죽을상이다 해도 이적
공장불 켜진 걸 보니 밤에도 일한다 해도 이적
하다못해 유엔 가입한 주권국도 이적단체
그 무식이 그 안하무인이
그 형용모순 논리모순이
잘 타는구나 잘 타는구나
54년 분단 세월 54년 침묵 세월
그 오욕의 역사 분노의 세월

이제 와 말하지만
제국주의 총칼 자본의 야욕 없었으면

국가보안 왜 필요해

잘 가거라 잘 가거라

가서 다시는 이 땅의 한 점 바람에도

한 점 햇빛에도 한 점 물결에도

한 점 생명에도 깃들지 말거라

어화 해방세상 들래

어화 통일세상 들래

나의 운명 우리의 운명

우리가 들래

_「꿈이 아닌 날」

    다음은 2005년 6월 25일, 오후 2시경 충주시청 앞에서 열렸던 '김태환 열사 살인만행 규탄 및 특수고용직 노동3권 쟁취를 위한 전국노동자대회'에서 읽었던 시다. '시가 아니라 이놈 아예 빨갱이네' 해도 좋다. 지금 쓰고 있는 이 글의 목적이 그것이니 오히려 다행이겠다.

    김태환 열사는 충주에서 비정규직의 한 형태인 특수고용직 레미콘노동자들의 파업을 지원하다 대체 투입된 레미콘 바퀴에 깔려 안타깝게 돌아가신 분이다. 미선이 효순이 때도 그랬지만 육중한 바퀴에 깔려 죽어간 이를 떠올린다는 것은 무척이나 가슴 아프고 치 떨리는 일이다. 고인의 안타까운 죽음을 대속해줄 수 있는 최대의 말을 찾다 보면 필요

이상 과격해질 때도 있다.

  하지만 실제 과격한 것은 이 사회다. 초과 착취에 열을 올리는 자본의 숨 가쁜 시계 초침을 따라가다 1년이면 수없이 많은 노동자들이 산재로 죽어가는 사회다. 일자리를 제공받지 못하고, 최소한의 생존에 필요한 복지를 제공받지 못하고 삶의 벼랑으로 밀려 아이들을 껴안고 자살하는 이들이 꼬리를 잇고 있는 사회다. 미필적 고의를 넘어 나는 그것이 이 사회에서 일상적으로 일어나는 합법적인 살인이라고 생각하는 사람이다. 살아 있다 해도 거개가 정신적 내상에 시달려야 하는 장애의 천국이다. 심리치료만으로는 감당이 안 되어 이젠 미술도, 음악도, 문학도 모두 정신병 치료에 나서야만 하는 사회다. 내가 넘어서고 싶은 사회는 이런 부조리한 사회다.

>당신의 머리를 짓이기고 간 것은
>레미콘의 바퀴가 아니다
>그것은 지금도 이 땅을 돌리고 있는
>저 거대한 자본의 수레바퀴
>착취의 수레바퀴다
>
>비정규직은 그냥 짓이기고 가도 된다는
>무서운 경고

특수고용직은 노동자가 아니라는
이미 짜인 각본
팥죽도 진흙탕도 아니고
노동운동쯤은 그렇게 우습게 짓이겨버리고 갈 수 있다는
그렇게 짓이기고 가도 아무 일 없다는
계획된 살인
예비된 침탈

그래서 우리는 선포한다
당신의 죽음은 당신 하나의 죽음이 아님을
이 싸움은 1,500만 노동자 전체의 자존심을 건 싸움임을
800만 비정규직, 200만 특수고용직
80만 한국노총, 70만 민주노총
400만 농민, 100만 실업자, 수급자, 불량자, 자살자
이름을 빼앗기고
이 땅에서 쓰레기 인간으로 천대받는
모든 민중의 분노를 담은
결사항전, 불퇴전의 항전임을

우리는 선포한다

우리는 너희가 보낸 무지한 레미콘 바퀴 하나와 싸우지 않고
우리 또한 너희의 머리를 자를 것이다
너희의 맨 윗대가리를 짓이겨
민중 앞에 사죄케 하리라
착취의 수레바퀴보다
더 거대한 노동자 민중해방의 수레바퀴로
너희를 밀어버릴 것이다

_「탱크도 우리를 막을 수 없다」

다음은 국론으로 추진해가는 한미 FTA를 거부할 목적과, 그 이상의 꿈꾸기를 선전·선동하기 위해 썼던 시다. 처음으로 읽혀진 곳은 2006년 3월 28일 오전 11시, '한미 FTA 저지 범국민운동본부 출범식'이었다. 그 후 여러 곳에서 읽혀졌다.

나도
여느 시인들처럼
꽃을, 사랑을 노래하고 싶다
한 잔의 진한 커피
한 잔의 맑은 녹차와 어우러지는

양장본 속 아름다운 시인으로 기억되고 싶다

그러나 나는 늘 거리에 서야만 한다
너희가 쓰다 버린 850만 비정규직 쓰레기인간들에 대해
노래해야 하고, 일손을 빼앗긴 350만 농민의 시퍼런 절망에 대해
노래해야 한다. 미군기지에 밀려 다시 세 번째 생의 이주를 앞두고 있는
팽성 대추리 노인들의 얼굴 위에
너희가 늘썬 퍼부어주던 포탄 선물을 받으며
피투성이로 울부짖던 이라크 아이들의 얼굴을 겹치며
다시 나는 거리에 서서 분노와 증오로
피 어린 시를 써야만 한다

그렇게 너희는 가만히 있는 나에게서
나의 소중한 것들을 빼앗아간다
아름다운 시를 빼앗아가고
내가 좋아하는 내 영화를 빼앗아가고
내 친구의 일자리를 빼앗아가고
이젠 그도 모자라

내가 쓰는 전기를, 통신을, 언론을, 가스를, 물을, 약품을
송두리째 모두 너희의 것으로 내어놓으라 한다
100원에 쓰던 것을 1,000원에 사라하고
1,000원으로 살 수 있던 생태적 삶을
10,000원짜리 경제적 삶으로 업그레이드시키라 한다
사랑도 명예도 이름도 남김없이 이젠 모두
너희의 허락을 맡고 써라 한다
그것이 거부할 수 없는 세계화라 한다

빌어먹을 이런 개똥같은 게 세계화라면
나는 내 온몸에 불을 싸지르고라도
전 세계의 반민중적 세계화를 반대한다
이것이 21세기 선진 세계시민사회라면
나는 정중히 그 세계시민사회에
아니오라고 대답할 것이다

한 손으론 미사일 버튼을 잡고
한 손으론 조약서를 들이미는 것이 자유무역협정인가
오호, 아직 끝나지 않은 이완용의 잔재들이여
너희의 역사의식 속에서

을사조약은 여전히 구국을 향한 결단이었으니
오호, 아직 끝나지 않은 김영삼의 잔재들이여
너희의 역사의식 속에서 IMF 신탁통치는
여전히 어쩔 수 없는 세계화의 대세였으니
오호, 민중이여!
이제 우린 다시 갑오농민전쟁가를 불러야겠구나
오호, 다시 오늘의 이 땅을 죽음이라 부르고
87년 6월과 7, 8, 9월의 함성을 준비해야겠구나

너희가 준비한
퇴행의 세계화 무장한 세계화
빈곤의 세계화 양극화의 세계화
초국적 자본의 세계화에 맞서
획일의, 통제의, 부자유의 세계화에 맞서
평등 평화의 세계화를
다양한 인류의 다양한 세계화를
웃음과 사랑과 연대와 나눔을 실현하는 민중의 세계화
변혁의 세계화를
이제 곧 준비해야겠구나

나도 여느 시인들처럼
아름다운 것들을
아름답다고만 노래할 수 있는
그런 해방된 사회를 가질 수만 있다면
거리에서 보낸 오늘 하루
나의 젊은 날도 헛되지만은 않으리
한낮의 꿈만은 아니리
아, 변혁을 노래하고 싶은 밤
아, 해방을 사랑하고 싶은 한밤

_「한미 FTA는 내 시도 빼앗아간다」

내 가슴에 가장 와 닿는 부분은 "나도/여느 시인들처럼/꽃을, 사랑을 노래하고 싶다"라는 구절이지만, 보안 당국에서 관심 있게 볼 부분은 "오호, 민중이여!/이제 우린 다시 갑오농민전쟁가를 불러야겠구나/오호, 다시 오늘의 이 땅을 죽음이라 부르고/87년 6월과 7, 8, 9월의 함성을 준비해야겠구나"라고 읊었던 부분이겠다. "빌어먹을 이런 개똥같은 게 세계화라면/나는 내 온몸에 불을 싸지르고라도/전 세계의 반민중적 세계화를 반대한다"라고 썼지만 끝내 나는 나약한 소시민이었고, 분신을 결행한 이는 택시노동자 허세욱이었다.

잡혀가려면 더 고백해야 하나. 3년여에 걸쳐 투쟁 중인 월급 67만 원짜리 비정규직 인생 노동자들인 기륭전자 여성노동자들의 삶과 투쟁에 참여하고, 비정규직 차별 철폐만이 아니라 더한 해방의 길로 그대들이 가주어야 한다고 '고무 찬동'하기 위해 썼던 「너희는 고립되었다」라는 시는 어떤가? 찾아보길 바란다. 영상과 함께 '인권영화제'에도 출품됐다고 하니 찾기가 어렵지는 않겠다. 나는 아직 한 번도 못 찾아봤다.

그 외에 무엇을 더 고백할까. 반자본, 반전평화 등 새로운 삶과 사회를 구상하기 위한 기치로 노동문학운동의 새로운 교류 연대를 위해 진보문학 매체를 구상하고 있다는 것을 고백할까. 무엇을 더 고백해야 이 백주 대낮 민주주의 사회에 누가 되어 잡혀갈 수 있을까. 군국주의에 반대하여 평화를 노래하고, 사회양극화, 빈익빈부익부의 사회에 반대하여 골고루 평등한 사회, 성별과 종교와 피부색과 빈부를 넘어 모두가 존엄한 인격체로 존중되는 사회를 꿈꾸는 일이 어떻게 하면 잡혀갈 수 있을까.

이쯤에서 나는 그만 자백을 멈출까 한다. 나에 대한 고발을 멈출까 한다. 기실 나의 진짜 죄는 국가보안법의 잣대로 보자면 어떨지 모르겠지만, 너무도 공식적이고 가식적인 나의 면모만을 자백했다는 데 있다. 아마도 거짓말탐지기를 대고 "위에 밝힌 모든 자백이 사실이지"라고 내 가슴에게 묻는다면 아마도 내 가슴은 "예"라고 답할 수도 있겠지만, 질문을 다르게 해서 "위에 밝힌 모든 자백이 진실이지" 하면 내 가슴은 "아니오"라고 답할지도 모른다.

그것은 누구보다 내가 알고, 다음으로는 나와 가장 가까운 벗, 아내나 친구들이 안다. 나는 '적을 이롭게' 하거나, 혁명을 하기에는 너무나 허술하고, 나태하며, 교만하고, 가부장적이며, 이율배반적이고, 체제내 적이기도 하기 때문이다. 이런 나의 혼돈스럽고 기기묘묘하며 복잡다단한 양심을 어떻게 규명하겠다는 것인가. 나도 나를 잘 모르겠는데 심히 궁금하고 우려스럽지만 한편 기대된다. 잘됐다. 나도 이 기회에 모 아니면 도, 단순명료한 정체성을 갖고 싶다. 정말이지 늘 답은 없이 질문투성이인 영혼이며, 배신과 우여곡절의 연속인 나의 삶이 이젠 나도 견디기 어렵고 싫다.

사실과 진실은 이렇게 다른 것이다. 나는 오히려 이렇게 더 많은 시간을 진짜 나의 적인 '나'와 싸운다. 나는 누구를 이롭게 하기 위해서가 아니라 내 한계와 모순과 무지와 딜레마로부터 벗어나기 위해 투쟁한다. 누구를 해방시키기 위해서가 아니라 잃어버린 나이거나, 나아가 아직 내가 보지 못한 희뿌연 안개 속의 나와 맑게 대면하기 위해 고투하고 사색한다. 해방은 내 안에서 오지 밖에서 오지 않는다. 아마 이시우 작가도 그러했으리라 짐작한다. 그 속을 국가보안법, 그 밴댕이 소가지가 어찌 다 알리요만. 그런데도 이시우 작가와 비슷한 꿈을 꾸었던 이들이 국가보안법 위반이라면 나 역시 잡아가다오. 늘 꿈꾸되 나에게 오는 것은 평등과 평화면 좋겠지만, 그 길이 다시 가시밭길이라면 부끄럽게도 그 길을 가겠다.

한편 모든 예술의 역사는 오독의 역사였다고도 하니, 크게 안타까울 까닭도 없다. 어디까지가 사실과 진실이고, 어디까지가 거짓이라는 경계가 예술 작품의 어디에 그렇게 선명하게 나와 있더냐고 물어볼 힘도 없다.

조선 시대 화가 최북은 오랜만에 주문을 받아 산수화 한 점을 그려주고는 도리어 핀잔을 받았다고 한다.

"아니 왜 산수화에 산만 있고 물은 없는 거요?"

짜증이 난 최북이 얘기했다고 한다.

"야, 이놈아, 화폭 밖이 다 물이여. 그게 보이지 않아?"

최북은 후대에 '조선의 고흐'로 기억되는 이다. 몇 푼 그림값으로 술을 먹고 돌아오다 눈밭에서 얼어 죽었다.

성스러움에 맞서 비속한 사람들 곁을 떠돌던 고갱의 주검은 간신히 성당 묘지 뒤끝에 묻혔고, 초기 피카소의 그림은 벗들에게조차 그림으로 인정받지 못하고 자신의 집 쓰레기통에 던져졌다. 지금은 천억 대에도 팔리는 뭉크의 그림들이 당시에는 조소와 경멸의 대상이었다. 샤갈은 러시아 혁명 1년 후 150미터나 되는 천에 혁명기념화를 그렸다가 오히려 혁명분자들로부터 경멸을 받았다. 150미터면 가난한 노동자들의 옷을 몇 벌이나 만드는지 아느냐는 이야기였다고 한다.

이래저래 예술의 역사는, 무릇 민중과 민주주의의 역사가 그렇듯 수난사였다. 관성은 진보를 모르고, 대부분의 정치는 예술보다 한참 후지

거나 더디다. 이미 백 년 후, 천 년 후를 경계 없이 사는 예술을 당대의 편협한 잣대와 잇속으로만 재려는 모든 아둔하고 치졸한 역사적 시도는 끝내 실패하고 말았다는 교훈을 언제쯤이나 되새기려는지, 쓸쓸하다.

이시우 작가가 그의 홈페이지에 적어둔 짤막한 잠언 몇 마디 붙여두고 마친다. 아무리 봐도 그는 훌륭한 사진작가, 평화운동가, 통일문제 전문기자에만 머무르지 않고 참 좋은 시인의 눈을 갖고 있다.

빛에 젖는 어둠과
어둠에 적셔지는
그 격렬한 고요.

상처는 아픔이면서도 교훈입니다.
용기만이 제 상처에서 교훈을 읽을 수 있습니다.

울릉도에 기증된 기타의 진실

며칠 전 우연히 가슴 따뜻한 소식 하나를 봤다. "'세시봉' 시대를 이끌어간 가수 이장희가 강근식, 조원익 등 40여 년 전에 결성한 밴드 '동방의 빛' 멤버들과 뭉쳐 울릉도의 한 초등학교에 기타를 증정하는 뜻깊은 행사를 갖는다"는 기사였다.

울릉도의 자연이 좋아 정착한 이장희 씨와 조원익 씨가 섬 아이들에게 기타를 가르쳐왔는데, 기타가 부족해 마침 콜텍문화재단 이사로 있는 옛 동료 강근식 씨를 통해 25대 가량의 기타를 기증받았다는 것이다. 노래 인생 40년이 지나 외딴섬 소년들에게 노래를 가르쳐주고 있는 이들의 사연은 한국판 '부에나비스타 소셜 클럽'을 보는 듯 뭉클하기도 했다.

시를 쓰는 나는 그들처럼 인생의 황혼이 질 무렵이면 어느 곳에 서 있을까. 꿈처럼 어느 시장 모퉁이에서 아기자기한 재활용 고물들로 이루어진 좌판을 열고 따뜻한 봄날 햇볕을 쬐며 아름다운 시나 소설을 읽고 있으면 좋겠다. 엄마 손을 잡고 나온 눈이 초롱초롱한 아이가 신기해하는 고물이 있으면 '네가 우리의 미래란다' 하는 마음으로 그냥 하나 건네주며 말이다.

하지만 그런 아름다운 상념도 잠깐. 나는 끓어오르는 비애와 소태를 씹은 듯한 불쾌감과 분노를 느껴야 했다. 그들 곁에 따라붙은 '콜텍문화재단'이라는 이름 때문이었다. 내가 왜 그럴까 궁금한 분들은 바로 이 책을 접고 '콜트-콜텍'이라는 단어를 검색해보면 된다. 그러면 거기에 콜텍문화재단과 관련된 수많은 기사들이 판도라의 상자가 열린 것처럼 숨겨진 이야기들을 들려줄 것이다.

지난 30여 년 동안 콜텍문화재단의 이사장이기도 한 박영호 사장을 위해 일하던 콜트-콜텍 노동자들의 소박한 꿈과 노래는 2007년에 산산조각이 났다. 그간 30여 년 동안 노동자들의 꿈과 노동을 혼자 독식해 한국 부자 순위 120위, 천억대의 자산가가 된 박영호 사장의 무한 욕심 탓이었다.

노동자들은 그간 안 해본 게 없다. 15만 킬로와트의 전기가 흐르는 100여 미터 높이의 양화대교 옆 송전탑에 올라 단식농성도 했고, 새벽에 본사 건물에 들어갔다 경찰특공대들에게 끌려 나오기도 했다. 독일과 미국, 일본 등 전 세계의 악기상들과 음악인들을 상대로 여섯 번의 해외 원정 투쟁도 다녀와야 했다. 생계가 바닥나 고추장, 된장을 만들어 팔고, 지금도 수세미 뜨개질을 하며 언제 올지 모를 희망의 날을 기다리고 있다.

하지만 박영호 사장은 단 한 번도 이런 노동자들을 만나지 않았다. 오히려 용역깡패들을 내세워 몇 번이고 테러와 같은 폭력을 자행했다. 박영호 사장에겐 법도 통하지 않았다. 2008년 중앙노동위원회는 사측의 부당해고를 확인해주었다. 2009년 11월, 서울고등법원 행정1부(재판장 안영률) 역시 콜트악기의 해고는 "긴박한 경영상의 이유가 없다"고 원직 복직 판결을 내렸다.

2010년 4월 13일 서울고등법원도 2008년 8월 2일자 『동아일보』기사에 대해 '허위 사실 적시와 명예훼손'을 인정, 반론보도문 게재를 결정했다. 『동아일보』는 「7년 파업의 눈물」이라는 제목으로 콜트악기 부평공장이 노조의 잦은 파업으로 적자가 누적돼 폐업했다는 취지의 기사를 보도했다. 재판부는 이는 사실이 아니며 "폐업은 콜트악기 지배주주인 '박영호'가 인도네시아와 중국 등 해외 공장으로 이전하려는 경영 계획 때문"임을 확인하고, 박영호 사장의 근로기준법 위반, 노동조합 및 노동관계조정법을 위반한 혐의를 인정, 벌금 500만 원을 선고했다.

그 외 검찰은 윤석면 전 콜트악기 공동대표에게도 '부당노동행위'로 벌금 100만 원을 물렸다. 2007년 5월부터 노동자들이 정당한 단체교섭을 요청했음에도 이유 없이 거부한 죄였다. 같은 날 검찰은 콜트악기 관리과장인 이희용과 그가 동원한 열두 명의 용역에 대해 '폭력 행위 등 처벌에 관한 법률 위반'과 '상해교사'를 적용해 벌금 30만 원부터 300만 원을 명하기도 했다.

하지만 박영호 사장은 단 한 번도 자신을 위해 짧게는 십수 년, 길게는 30여 년 가까이 일해온 노동자들을, 부당하게 목을 자른 노동자들의 정당한 요구를 법원의 판결까지 무시하며 들어주지 않았다. 2009년엔 콜트-콜텍 노동자들의 문제가 사회화되면서 국회 환경노동위원회에서 부당노동행위에 대한 증인 신청을 했지만, 아무런 이유 없이 거부하기도 했다.

대신 그는 2010년 사재 일부를 출연해 자신과 콜트-콜텍에 대한 사회적·도덕적 압박을 무마하고자 콜텍문화재단을 설립하고, 이정선 씨(동국대학교 실용음악과 교수)와 이번에 울릉도에 기타를 기증하는 데 다리가 된 강금선 씨(옛 '동방의 불빛' 멤버) 등 저명한 음악인들 몇을 얼굴마담으로 내세웠다.

이것이 콜텍문화재단 탄생의 공공연하지만 아직 범사회적으로는 숨겨진 비화다. 콜텍문화재단은 그 모토대로 사회적 '공감과 나눔, 소통'을 목적으로 하는 아름다운 문화재단이 아니라, 30여 년에 걸친 기타 만드는 노동자들에 대한 착취, 그리고 현재도 중국공장과 인도네시아 공장에서 일하는 2천여 명의 다국적 노동자들에 대한 상식 이하의 수탈을 딛고 선 '피의 재단'이자 이를 감추기 위한 '양의 탈'일 뿐이다.

그가 진정으로 재단의 모토인 '나눔과 소통'을 생각한다면 지금이라도 당장 자신의 가장 가까운 이웃이자 노예였던 콜트-콜텍 노동자들을 만나야 한다. 그가 진정 문화를 말하고자 한다면, 먼저 대한민국의 법만이라도 지켜 부당해고한 그들에게 당장 사과하고 그들을 원직복직시켜야 마땅하다. 이런 최소한의 윤리적 실천 이후에야 '문화'를 말할 최소한의 자격이 생기는 것이다.

콜텍문화재단 홈페이지를 둘러보니 그간 기타와 강사를 보급하는 사업을 했다고 한다. 미안하지만 가소로운 일이다. '2010 파주 헤이리 판 페스티벌'에서 '제1회 아마추어 어쿠스틱 기타 경연대회'를 주최했다고 자랑하고 있다. 날짜를 보니 2010년 9월 11일이다.

생각해보니 그 어름쯤 콜트-콜텍 기타 만드는 노동자들은 일본 '후지 록 페스티벌(Fuji Rock Festival)'에 갔다. 그것도 공식 초청이었다. 3박 4일 동안 전 세계에서 약 20만 명의 사람들이 모이는 록 페스티벌이었다. 입장료만도 60만 원에 이르지만 티켓 구하는 것마저 힘들다는 페스티벌이었다. 한국에서라면 행사장 근처에 좌판 하나 펼치는 것도 쉽지 않을 것이다. 그런 곳에서 왜 가수도 아닌 기타 만들던 노동자들을 초청했을까.

감동은 여기서 끝나지 않았다. 후지 록 페스티벌의 공식 초청팀인 '원 데이 에즈 어 라이언(One day as a Lion)'의 세계적인 보컬인 '잭 드 라 로차(Zack de la Rocha)'는 매니저와 주최 측의 우려를 물리치고 자신의 무대에 콜트-콜텍 노동자들을 세워주었다. 이 자리에 서기 위해 30여 년 기타를 만들어왔던 늙은 노동자 방종운은 되풀이해 외웠다. 그의 말은 간명했다.

안녕하십니까. 우리는 한국에서 왔습니다. 세계 기타 시장 30퍼센트를 생산하는 콜트기타를 아시나요? 펜더, 아이바네즈 기타도 우리가 만들었습니다. 창문 하나 없는 공장에서 손가락이 잘리면서 수십 년간 좋은 기타를 만들었지만, 4년 전 콜트는 거짓말로 우리를 해고했습니다. 후지 록 페스티벌에 참석하신 여러분, 기타를 사랑하신다면 저희와 함께해주십시오. 기타가 자유를 찾아 노래를 부를 수 있도록 여러분에게 호소 부탁드립니다. 도와주십시오. 아리가토 고자이마스!

그 진실이 통했는지 수만 명의 관객들은 우레와 같은 박수와 환호를 보내주었다. 콜트-콜텍 노동자들은 현 시대 록의 정신과 문화가 무엇이어야 하는지를 사람들에게 전해주었다. 잭 드 라 로차는 이후 일본 순회 콘서트에도 콜트-콜텍 노동자들을 초청해주었다. 다음 날 또 한 명의 초청가수였던 '오조매틀리(Ozomatli)' 역시 자신의 무대에 콜트-콜텍 기타를 만들었던 노동자들을 세워주었다. 그는 자신의 모든 무대 스피커에 '노 콜트(NO CORT)'라고 새긴 티셔츠를 걸어두고 노래를 불렀다.

또 이런 미담은 어떠한가. 2010년 1월, 콜트-콜텍 노동자들이 미국 애너하임에서 열린 세계적인 악기쇼인 '남쇼(NAMM Show)'에 갔을 때의 일이다. 당시 남쇼의 공식 홍보대사로 초청된 록그룹 'RATM(Rage

Against The Machine, 레이지 어게인스트 더 머신)'의 기타리스트 '톰 모렐로(Tom Morello)'의 공식 지지와 연대는 눈물겨운 것이었다. 톰 모렐로는 "기타는 착취가 아니라 해방의 수단이 되어야 한다"면서 "작업장에서의 정의를 위해 싸우는 한국 노동자들의 요구를 전폭적으로 지지한다"고 밝혔다. 이어 그는 "그 누구도 스스로의 권리를 지키기 위해 일어섰다는 이유만으로 일자리를 잃어서는 안 된다"고 강조했다.

톰 모렐로는 여기서 멈추지 않고 당시 남쇼의 공식 초대 가수들을 모아 콜트-콜텍 기타의 최대 주문사인 미국 '펜더(Fender)'사와의 만남을 주선했다. CNN, NPR을 비롯한 미국 현지 주요 언론 인터뷰 및 직접적인 연락을 통해 문제의 심각성을 펜더 측에 전달했다. 세계에서 가장 크고 공신력 있는 기타 회사인 펜더사는 법률 책임자인 '마크 반 블릿'과 홍보마케팅 담당자인 '제이슨 패짓'을 보내왔다.

그들은 "너무나 바쁜 남쇼 일정 기간임에도 사장의 직접적인 지시로 펜더의 법률 책임자가 모든 일정을 조정하고 이 간담회에 참여한 것 자체가 여러분이 펜더의 태도를 신뢰할 수 있는 증거"라며 "이번 간담회를 시작으로 콜트-콜텍 문제에 대한 펜더의 공식적인 조사가 시작되었다"고 밝혔다.

당시 또 한 명의 세계적인 기타리스트인 '피닉스 벤자민'의 연대 역시 힘이 되었다. 남쇼 직전 슈퍼볼(미식축구 프로리그 결승전)에서 공연을 한 피닉스 벤자민은 "우리는 더 이상 참아서는 안 된다. 기타 노동자와 뮤지션들이 함께해서 문제를 해결해야 한다"라며 남쇼 개막 둘째 날 원정단의 남쇼 행사장 앞 거리공연에 직접 참가해주기도 했다.

당시 그곳에 콜트-콜텍사는 없었느냐고? 컨벤션 센터 안에 휘황찬란한 공식 부스를 차리고 있었다. 그러나 콜트-콜텍 사측 사람들은 만나지 못했다. 오히려 미국의 기타 회사 ESP의 '맷 매시안다로' 회장을 만났다. 그는 직접 찾아와 원정단 홍보물에 ESP가 언급된 것을 지적하고 "우리는 더 이상 콜트와 관계가 없다. 박영호 사장은 정직하지 않기 때문에 이후에도 거래하고 싶은 생각이 없다"며 홍보물에서 제외해줄 것을 정중하게 요청했다.

영국의 기타 회사 아발론의 '스티브 맥월래스' 역시 만날 수 있었다. 직접 찾아온 그는 "우리는 독일에서 콜트-콜텍 노동자를 만났었다. 콜트의 문제를 잘 알고 있다. 우리는 박영호 사장을 신뢰하지 않으며, 따라서 앞으로도 거래하는 일은 없을 것"이라고 입장을 밝혔다. '노동자들의 아픔이 서린 기타, 착취받는 기타로는 노래할 수 없다'는 강력한 음악인들의 항의에 대한 답들이었다.

하지만 대한민국에서는 이런 환대와 연대를 찾아보기 힘들다. 매달 마지막 주 수요일 밤마다 홍대 앞 '클럽 빵'에서 3년여째 '기타 만드는 노동자들을 위한 콘서트'를 열고 있지만 늘 기대를 가지고 찾아오는 콜트-콜텍 노동자들에게 민망할 정도로 별 관심들이 없다.

2009년엔 인디 뮤지션 40여 팀이 모여 '섬머 록 페스티벌'을 문 닫힌

인천 콜트공장에서 열겠다고 나서기도 했다. 그러나 박영호 사장은 용역들을 동원하고, 경찰에 시설보호 요청을 함으로써 뮤지션들의 마음에 깊은 상처를 주고 말았다. 주류 언론들은 이런 아름다운 사회적 연대와 미담에 눈감았다. 대중적인 뮤지션들은 모두 상업 프로덕션의 계약 관계에 묶여 눈치만 보고 있고, 잠들어 있는 사람들과 사회적 진실을 깨우는 소리를 외면하고, 애써 스스로 값싼 광대나 상품만 되려고 한다.

사실 한국 음악의 원로 격이라는 이정선 씨나 강근식 씨 같은 분들이 이런 저간의 사정을 알 텐데도 콜텍문화재단의 얼굴마담으로 서 있는 것은 안타깝고 이해할 수 없는 일이다. 이제 밝히지만 재단의 소통팀 팀장이기도 한 이정선 씨 등과 '소통'을 시도하지 않은 것도 아니다. 콜텍문화재단에 함께한다는 얘기를 듣곤 조심스럽게 이야기를 전했다. '공감'까지는 아니더라도 최소한의 형평을 위해 콜트-콜텍 기타 만드는 노동자들의 이야기 역시 단 한 번만이라도 들어주기를 간청했다.

하지만 돌아온 것은 묵묵부답뿐이었다. 만날 필요도 못 느낀다는 전언이었다. 다시 구체적으로 아는 것이 필요하겠다는 판단에 서면으로 저간의 상황을 전하고 의견을 주십사 했지만 불통이었다. 지금이라도 이런 좋은 분들이 간교한 콜트-콜텍 자본의 놀음에서 놓여나시길 간절히 부탁드린다.

오히려 이렇게 말해준다면 얼마나 좋을까. "박영호 사장, 당신에게 지금 필요한 것은 때깔만 번지르르하고 허울 좋은 문화재단 놀음이 아니라 최소한의 법을 지키는 것이며, 당신을 위해 수십 년씩 일한 노동자들에게 최소한의 인간적 예의를 다하는 것이오"라고 따끔하게 비판해준다면 얼마나 좋을까. "박영호 사장 당신이 지금 할 일은 낙도 어린이 몇에게 기타 몇 대 보내주고 감질나게 언론 플레이나 하는 것이 아니라 지금 당신이 다시 착취하고 있는 중국과 인도네시아의 다국적 노동자들에게 최소한의 근로조건을 제공하는 것이오"라고 말해준다면 얼마나 신 날까. 그가 번 천억대의 돈이 실상은 수많은 노동자들의 피와 땀을 혼자 독식한 결과라는 것을 느끼게 해주면 얼마나 기쁠까. 우리의 사회 문화가, 노동의 문화가, 분배의 문화가 어떠해야 하는지를, 왜 과도한 소유가 자랑이 아니라 사회적 비난의 대상이 되어야 하는지를 가르쳐주는 혹독한 선생이 되어준다면 얼마나 눈물겨울까. 그런 음악인의 자세를 빼고 도대체 자라나는 학생들에게, 예비 음악인들에게 어떤 문화적 소양을 갖추라고 할 수 있을까. 기타에 숨겨져 있는 고단한 노동과 삶의 냄새를 감추고, 그 피비린내를 감추고, 코드나 가르쳐준다면 그것이 진정한 문화 교육이 될 수 있을까. 저 바다 건너 톰 모렐로처럼 기타 만드는 노동자들을 위한 노래 한 곡을 만들어 보내준다면 얼마나 황홀할까. 그들을 위한 록 페스티벌을 열어준다면 얼마나 신 나는 일이 될까. 지금 한국 사회에 그처럼 감동적이고, 아름다운 '문화사업'이 또 있을까.

그게 가능할 거냐고? 이건 단지 꿈일까? 그렇더라도 좋다. 진정한 문화예술은 아직 오지 않은 꿈을 꾸는 일이니까. 퇴락한 시대를 핑계로 사람들은 가능치 않을 거라고 하는 것들을 상상하며, 모두가 평등하고 평화로우며, 자유로운 세계를 향해 오늘도 고단한 영혼의 날갯짓을 멈추지 않는 일이니까. 가난하고 핍박받더라도 영혼을 팔지 않는 일이니까.

모두 함께 다른 세상을 꿈꾸자. 꿈은 꾸는 순간 절반은 이루어지니까.

추도시 낭송이 폭력시위 조장?

그간 우리는
전국팔도를 떠돌며
너희의 집을 만들어주었다
너희의 더럽혀진 영혼을 버릴 하수구를 만들어주었고
학교와 공장과 교회를 만들어주었다

너희는 우리가 만들어준 배관을 타고 앉아서야
먹고 싸고 따뜻할 수 있었다
너희는 우리가 연결해준 전선을 통해서야
말하고 듣고 소통할 수 있었다
우리는 너희를 위해 결코 무너지지 않을
세상의 모든 천장과 벽과
계단과 다리를 놓아주었다
아무 말 없이, 불평도 없이

하지만 너희는 그런 우리에게
착취와 모멸만을 주었다
불법다단계 하청인생
일용할 양식조차 구하지 못하던 일용공의 날들
우리의 밥은
늘 흙먼지 쇳가루 땡볕에 섞여졌고
우리의 국은
늘 새벽 진흙탕이거나 공업용 기름기였다

우리는 사회적으로도 늘 개차반
스미키리* 인생이었다
나중에 나중에 줘도 되는
근로기준법의 마지막 사각지대
못나고 공부 못하면 저렇게 되는 불량 표지판
말 안 듣고 버릇없는 것들이 가는
인생 종착역
죽지 못해 사는 인생이 우리였다

그런 우리의 요구는 소박했다
옷 갈아입을 곳이라도 있다면

점심시간 몸 누일 곳이라도 있다면
일주일에 하루만이라도 쉴 수 있다면
일한 돈 떼이지 않을 약속이라도 받을 수 있다면
원청사용자들과 이야기라도 해볼 수 있다면
너희의 노예로 더 열심히 일하고
충성하겠다는 약속이었다

하지만 너희의 대답은 의외로 간단했다
못 배우고 더러운 노가다들이 감히
신성한 자본의 왕국 포스코를 점거하다니
밀어버려, 끌어내, 목줄을 잘라버려
58명 구속에 가담자 전원 사법처리
그리고 시범 케이스로
하중근의 머리를 깨부셔놓았다

그래서 우리도 이젠 다르게 생각한다
전면전을 선포한 너희에게 맞서
우리가 그간 해왔던 건설과는
전혀 다른 건설을 꿈꾼다
더 이상 너희의 재생산에 봉사하는 건설이 아니라

일하지 않는 너희만의 비만을 위한 건설이 아니라
진정한 사회의 주인으로 우리가 서는
새로운 세계를 설계한다

그것은 더 이상
우리가 너희의 하청이 아니라
우리가 너희의 원청이 되는 투쟁이다
우리의 노동에 빌붙어 과실만을 따먹는
너희 인간거머리들, 인간기생충들을 박멸하는 투쟁
진정한 사회의 주인
건설의 주인이 누구인가를
명백히 하는 투쟁이다

비켜라, 비키지 않으면
이 망치로 너희의 썩고 굳은 머리를 깨부셔버릴 것이다
물러서라, 물러서지 않으면
이 그라인더로 너희의 이름을
역사의 페이지에서 영원히 지워버리고 말 것이다
사죄하라, 사죄하지 않으면
우리 가슴에 박힌 원한의 대못을 빼내

너희의 정수리를 뚫어놓을 것이다
이 성스런 건설노동자의 투쟁 앞에
돌이켜라, 썩은 시대여
항복하라, 낡은 시대여

_「새로운 세계를 건설하라」

건설일용노동자 하중근 열사 장례식이 있어 포항으로 갔다. 추도집회에서 추도시 낭송을 했다는 이유로 네 번째 소환장을 받아놓은 상태였다. 그런데 다시 추도시라니. 아내는 검정 양복을 챙겨주며 무척이나 근심 어린 모습이었다.

아내는 열흘 뒤면 아홉 살짜리 아이와 그 아이보다 더 말썽꾸러기인 나를 두고 3개월간 남미로 떠나야 하기에 걱정이 더했다. 소환장 불응 세 번 이상이면 체포 영장으로 넘어간다면서 불심검문을 주의하라고 했다. 이게 무슨 꼴이람.

물론 잘 쓰지도 못한 시 하나를 폭력시위를 선동한 훌륭한 문건으로까지 높여준 경찰과 정부의 평가가 영광이기는 하다. 필화사건으로 고초를 겪었던 선배 문학인들의 자랑스러운 전당에 내 부끄러운 이름 석 자가 끼인다는 것도 면구스러운 일이지만 영광이다.

● **스미키리** : 급여를 까닭 없이 몇십 일에서 몇 달씩 미뤄서 주는 건설업계의 관행을 말한다.

3부 이 상 한 나 라 ● 143

하지만 그런 영광과는 별개로 나는 이런 터무니없는 경우를 인정할 수 없다. 문학이 폭력으로 읽히는 이 무지한 사회를 인정할 수 없다. 시를 소환의 대상으로 삼는 이 한심한 정권과 시대를 인정할 수 없다. 민간인을 죽인 공권력이 책임 처벌을 받기는커녕 추도시를 낭송한 시인을 소환하는 이런 코미디를 인정할 수 없다.

하기야 이 정부가 어떤 정부인가. 자국 영화를 지키기 위해 국민투표를 거쳐 세계문화다양성협약을 이끌어낸 나라들이 있는 반면, 이 정부는 잘나가는 한국 영화를 한미 FTA 체결을 위한 선결조건으로 미국에 바치고, 대신 국민들에겐 도박을 문화사업이라며 보급했다. 그 문화사업으로 서민들의 호주머니에서 수십조 원에 가까운 돈을 걷어갔다고 한다. 그러니 사실 나 같은 무명 시인 한 사람의 자유쯤 걷어가는 것은 일도 아닐 것이다.

포항에 도착하니 새벽 5시. 곧바로 PC방을 찾아 들어갔다. 오전 10시까지 조시를 써야 했다. 뭐라고 써야 하나. 내가 만약 이런 억울한 죽음 앞에 섰다면 무슨 말을 마지막으로 남기고 싶을까. 백주 대낮에 갈비뼈가 나가고 여기저기 타박상에 뒷머리를 두 군데나 맞아 터졌는데도 나의 죽음이 만약 의문이라면, 사과 한마디 듣지 못하고 저 하늘로 가야 한다면 내가 고이 눈을 감을 수 있을까.

시인은 제사장이라고도 했던가. 고인의 분노가 고스란히 내게 전이되어 손이 떨려왔다. '안녕!'이라고 써두곤 한참을 눈을 감고 앉아 있어야만 했다. 서서히 그가 나를 통해 말을 하기 시작했다. 그의 넋으로부터 시 한 편을 내려받고는 출력이 가능한 PC방을 찾아 포항 시내를 몇 바퀴 돌았다.

그런 와중에 구두도 한 켤레 사 신었다. 여름 내내 1만 5천 원짜리 샌들 하나로 버텼다. 구두가 필요한 근사한 자리 같은 곳에 설 일이 거의 없는 인생이라 그런대로 버틸 만했다. 하지만 고인을 보내는 자리에 샌들을 신고 올라갈 수는 없는 일이었다.

생각해보니 전에 신던 구두는 평택 대추리 황새울 벌판에서 잃어버렸다. 아니 빼앗겼다는 표현이 더 어울리겠다. 당시 대추초등학교를 지키다 경찰이 던진 벽돌에 맞아 머리가 깨졌다. 그냥저냥 버텨보려고 했는데 갑자기 구토 증세가 몰려왔다. 머리에 붕대만을 감은 채 아무런 응급처치도 못 받은 상황이었다. 병원으로 가야겠다고 허겁지겁 뛰어나오는데 울타리를 지키고 있던 경찰 간부가 외쳤다.

"저 새끼 연행해."

가끔은 안면이 있다는 게 후회스럽기도 하다. 피를 철철 흘려 누가 봐도 환자인 내 꼴도 소용이 없었다. 도망칠 기력도 없는 나를 여섯 명의 전경이 번쩍 들고 갔다. 병원으로 데려다 달라는 말도, 내 발로 걸어가겠다는 말도 아무 소용이 없었다.

"내 신발, 신발 벗겨졌잖아."

외쳐봤지만 소용이 없었다. 저만치 멀어져 가는 구두를 보며, 나는 머리가 깨진 것보다 더 억울하고 분했다. 그것만이 아니다. 가수 정태춘 선배, 화가 이윤엽과 함께 목이 졸린 채 연행되는 과정에선 안경을 잡아먹기도 했다.

여하튼 평택에서 잃어버린 구두를 포항에서 다시 샀다. 나처럼 머리 정도 깨지거나 연행당한 정도가 아니라 끝내 운명하고 만 사내의 조시 낭독을 위해 구두를 사면서 내 인생도 참 기구하다는 생각이 들었다.

간신히 출력을 하곤 형산강 로터리 대열에 합류했다. 장례는 조용히, 조촐하게 치러졌다. 모두가 힘써 싸웠지만 아직 고인의 죽음은 의문에 쌓여 있고, 정당한 사과 한마디 못 들은 상태. 작년 2005년 겨울 농수산물 수입개방 반대 집회 시 경찰 폭력으로 전용철, 홍덕표 님 등 농민들이 연달아 죽었을 때도 경찰과 정부는 오리발만 내밀 뿐이었다. 시민사회와 전 국민들이 사실을 알고 분노하기 시작했을 때에야 간신히 경찰청장이 해임되고, 대통령의 대국민 사과가 이루어졌다. 이번도 역시 마찬가지다. 너무도 명백한 공권력에 의한 타살임에도 경찰은 증거를 대보라고 발뺌한다. 자숙하기는커녕 오히려 추모집회에 과도한 공권력 폭력을 일삼고, 구속과 소환을 남발한다.

정부는 아예 나 몰라라다. 죽음에 대한 진상규명과 책임자 처벌, 정부의 사과는 이루어지지 않고, 입만 열면 박정희 시절부터 내내 들어왔던 폭력 행위 엄단, 법질서 구현을 위해 강력히 대처하겠다는 소리로 협박할 뿐이다.

노무현 정권 초기 시절, 정규직의 양보와 비정규직 우대를 얘기하며 마치 비정규직을 대신해서 정규직과 싸우기라도 할 듯했지만, 결과적으로 그것들이 모두 노동자들의 내부 단결을 깨기 위한 전술이었고, 포즈였다는 것이 금세 밝혀졌다. 현 정권하에서 감옥에 갇힌 양심수의 80퍼센트 이상이 비정규직 노동자들이니 말해 무엇 하겠는가. 결국 이 정부는 아무런 죄 없는 건설일용노동자 하중근 열사의 머리를 깨는 것으로 대답을 대신했다.

그리고 나서 이젠 시인에게 소환 명령을 내렸다. 시인이 추도시를 낭송해서 폭력시위가 선동되었다고 한다. 나 같은 외부세력들이 개입해 무지한 노동자들이 폭력시위를 일삼는다는 이야기다. 모두 웃기는 얘기다. 민주주의의 확장과 정당한 생존권 보장을 위해 맨 앞에 서서 싸우고 있는 포항건설 일용노동자들에 대한 모독이기도 하다.

내가 내려가 추도시를 낭송하기 전에 이미 포항건설 일용노동자들은 포스코 본사를 점거했다. 무수한 충돌이 있었다. 무슨 말인고 하면, 그들은 이미 선동의 대상을 넘은 사람들이라는 말이다.

하찮은 시 한 편에 의해서가 아니라 평생을 일용노동자로 살아오며 느낀 착취와 차별로 그들 스스로 의식화되고 선동되었다는 말이다. 오히려 어떤 지식인도, 사회학자들도 말하지 않는 근로기준법의 사각지대를 구체적으로 없애기 위해 싸우는 그들이 우리를 지금 우리 사회를 의식화시키는 선생들이라는 말이다.

아무리 생각해도 나는 소환의 대상이 아니다. 소환을 생각한다면 먼저, 하중근 열사의 넋을 소환해야 한다. 나는 대리인이었을 뿐이다. 부끄럽지만 시를 쓴 것은 그였다.

끝까지 나를, 나의 시를 소환하고 싶다면 미안한데, 억울한 죽음 앞에 바친 추도시 말고, 내 시집의 시들을 소환해주면 좋겠다. 평소엔 관심도 없다가 급히 쓴 시 하나를 가지고 폭력 운운하는 게 자존심 상한다. 문학에 대한 평가를 해주려면 그 정도 예의는 갖춰달라는 말이다.

그리고 '폭력 행위 등'은 너무 쪽팔린다. 필화를 겪었던 선배 문인들에게도 미안한 일이고 문학인의 자존심으로 봐도 너무 약하다. 이왕 걸어줄 바엔 '국보(국가보안법)'로 걸어주면 좋겠다. 나는 '폭력'을 선동한 게 아니라 '다른 세계를 꿈꾸었기에' 굳이 건다면 국보가 내용적으로도 더 어울린다. 내가 여기에서 말한 다른 세계란, 착취가 일상화된 자본주의 사회가 아닌 좀 더 진일보한 사회체제를 꿈꾼다는 뜻이기에 더더욱 맞다. 이런 꿈을 가두기에, 이런 표현을 가두기에 '집회와 시위에 관한 법률 위반'은 좀 약하지 않겠는가.

잠도 자지 못하고, 아침 점심도 거른 채 쓸쓸한 장례식을 종일 쫓아다녔더니 나중엔 뱃가죽이 붙어버렸다. 사실 시낭송 하나가 무슨 힘이 그렇게 들겠는가 하지만 그게 아니다. 왠지 나는 추도시를 쓰려면 거의 하루를 굶으면서 써야 한다. 뱃속에 뭐가 들어가면 도무지 글이 받아써지지 않는다. 그렇게 시를 쓰곤 짧은 낭송이지만 중간쯤 읽어 내려가다

보면 온몸에 마비 증세가 온다. 딱 하나 입과 혀만 빼고 오는 그 마비 증세가 무엇 때문인지는 모르지만 그만큼 체력 소모가 크다. 시 한 편 읽고 내려오면 한동안 정신이 멍해져서 아무 곳에나 눕고 싶어질 정도다. 더더욱 내 머리를 온통 차지하고 있는 죽은 이의 넋을 쫓아 보내려면 최소 며칠이 걸린다. 그래서 늘 추도시 낭송을 한 날은 폭주를 하게 된다. 내가 마시는지, 그 넋이 마시는지 모를 정도다.

어제도 꽤 마셨나 보다. 포항에서 만난 후배가 아니었다면 거의 노숙을 해야 할 참이었다. 아침에 눈을 떠보니 서울 집이다. 나는 아마도 가중처벌이 될 거라 한다. 한 번 시낭송도 미운데 네 번째 소환장을 받고도 또 그의 장례식장에 가서 선동시를 읽었으니 말이다.

하지만 아무래도 나는 괜찮다. 내 보잘것없는 시 한 편이 정말 경찰의 표현대로, 그들 건설일용노동자들에게 힘이 되었다면, 평생을 모멸과 차별 속에서 살아온 그들의 친구가 되었다면, 아무래도 나는 괜찮다. 더 많은 이들이 비정규직의 대명사, 사회양극화의 이쪽 맨 끝 건설일용노동자들의 친구가 되어주면 좋겠다.

언젠가 신문에 사회양극화 해소를 위해 모였다는 그 많던 사회원로분들은, 시민사회단체들은 모두 어디로 갔는지. 비정규직들이 외롭게 싸우고 있는데, 그중 한 사람이 백주 대낮에 공권력에 의해 타살을 당했는데 아무런 철퇴의 말이 없는 이 사회가 쓸쓸하다.

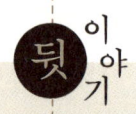

    2006년 7월 초순, 포항에서 건설일용노동자들이 30여 년 만에 처음으로 포스코 본사를 점거했다. 그들의 요구는 일주일에 한 번은 유급휴가를 쓰게 해달라는, 작업복을 갈아입을 공간을 달라는 소박한 것들이었다.

    2006년 7월 16일, 물과 음식을 넣어달라고 가족들이 형산강 로터리에 모여 집회를 열고 있는데 갑자기 경찰이 소화기를 뿜어대며 난입해왔다. 경찰은 도망가는 사람들을 향해 방패와 곤봉, 그리고 소화기 등을 닥치는 대로 휘갈겼다. 아무것도 보이지 않았다. 몇 분이나 지났을까. 소화기 연막이 가시자 그곳에서 머리에 피를 흘린 상태로 의식을 잃은 하중근 열사가 발견되었다. 뒷머리가 세 군데나 열려 있었고, 양쪽 팔에는 피멍이, 그리고 갈비뼈 등이 부러진 상태였다. 그는 뇌사 상태로 17일을 버티다 그해 8월 1일 운명했다.

    국가인권위원회도 공권력 타살을 인정했지만, 법원이 이를 받아들이지 않아 아직까지 의문사로 남아 있다.

    당시 시낭송은 시위 도중에 한 대뿐인 거리 방송차 위에서 진행되었다. 반대편에서는 경찰들이 고성능 앰프를 이용해, 발언을 멈추라고 경고방송을 해왔다. 그들의 소리에 지지 않기 위해 나는 더 큰 목소리로 이를 갈며「새로운 세계를 건설하라」를 부르짖었다.

    나는 폭력시위를 선동했다는 혐의로 네 차례에 걸쳐 출두요구서를 받았지만 끝내 가지 않았다.

4부. 잃어버린 신발

ⓒ 노순택

지금은 다 허물어졌지만 평화를 지키자는 마음으로 대추리 마을에 50여 편의 벽시를 남겼다. 정작 나는 한 편도 쓰지 못했다. 왠지 써지지가 않았다. (사진 왼쪽 화가 배인석)

대추리에서 보낸 한철

목 졸린 시인, 가수, 화가

두 번째 부상이었다. 첫 번째는 2006년 3월 15일 2차 강제 집행이 있던 날이었다. 마을 주민들이 맨몸으로 포클레인 바퀴 밑에 들어가 울며불며 자신의 농토에 차디찬 포클레인 삽날을 대지 말 것을 호소하고 있었다. 그것은 그 농민들의 가슴을 후벼 파는 짓들이었다. 가수 정태춘 선배와 화가 이윤엽과 함께 그 모습을 지켜보고 있자니 우리의 가슴도 찢어졌다. 우리 문화예술인들이 항의 표시라도 함께해야 하지 않는가 싶어, '빼앗긴 들에도 봄은 오는가'라고 적은 펼침막을 들고 파헤쳐진 흙구덩이로 뛰어들었다.

경찰이 정상적이라면 시민들이, 그것도 문화예술인들이 왜 그러는지 까닭을 묻고, 자신들의 공무를 설명하고, 이에 협조해줄 것을 부탁하는 게 순서였을 것이다. 그때도 우리는 공무를 막을 수 있는 그 어떤 물리력도 없었다. 맨몸뿐인 주민과 시민들 50여 명이 중무장한 전투경찰

600여 명과 용역깡패들 100여 명을 막을 수 있는 방법은 아무것도 없었다. 하지만 경찰 지휘관은 앞뒤 사정 파악도 없이 무조건 "저 새끼들 연행해!"라고 소리쳤다. 미란다 원칙 고지 같은 기본적인 규칙도 지켜지지 않았다. 펼침막이 목에 감겨 있는데 양옆에서 그 펼침막을 잡아당겼다. 주위에서 사람들이 "야, 자식들아, 목 졸려 죽잖아" 하며 다급하게 외쳐도 아무런 소용이 없었다.

까무룩 의식이 흐려지고, 온몸에 힘이 쭉 빠지는 것을 느끼는 순간 다행히 목에 있던 펼침막이 풀려나갔다. 그런데도 그들은 연행만이 목적이었다. 연행해가던 전경들도 걱정이 되었는지 저희 지휘관을 향해, "이 새끼 목 아프다는데요"라고 했지만 답은 역시나, "연행해!" 한마디뿐이었다. 주변의 주민들과 기자들이 강하게 항의를 하고서야 그들은 내 몸을 논바닥에 내려놓았다.

그러고도 구급차가 오는 데 30분이 넘게 걸렸다. 죽으라는 소리였다. 저물어가는 휑한 황새울 하늘을 보는데 마냥 서글펐다. 한국 사회의 민주주의를 위해 나름대로 열심히, 낮게, 가난하게 살고자 했던 20여 년의 세월이 주마등처럼 흘러갔다. 빈 하늘에 김남주 시인의 선한 얼굴이 떠오르고, 1980년대 어느 날 연세대학교에서 민족민주민중열사들의 이름을 부르던 문익환 목사의 간절한 외침이 아련히 들려왔다. 언제까지 이렇게 살아야 하는 것일까. 불의와 폭력이 없는 그런 삶과 사회를 바랐던 내 어릴 적 꿈은 단지 꿈이었을까. 슬펐다.

그 일로 가수 정태춘 선배와 이윤엽 화가는 48시간 억류에 각각 벌금 300만 원과 100만 원 형을 선고받았다. 단지 공사하는 것에 대해 항의하려고 흙구덩이에 한 번 들어간 것이 죄가 되었다. 이제 대한민국에서 벌어지는 어떤 관급공사에 대해 민간인들이 조금이라도 항의했다간 전부 다 현행범으로 체포될 판이다.

박영진의 옥상, 그 자리에 서서

사실 이번엔 좀 걱정이 됐다. 20여 미터도 안 되는 거리에서 한창 기운이 오른 스무 살 초반의 전투경찰이 직격으로 던진 벽돌에 맞아 머리가 깨지고 구토 증세까지 있었기 때문이다.

전날은 1985년 구로공단에 위치한 신흥정밀이라는 회사에서 노동자로 일하다 분신한 박영진 열사의 20주기 추도 증언대회가 있었다. 관련 사업 집행위원장을 맡고 있고 오래된 선배들도 챙겨야 해서 서울에 남아 있어야 했다. 그래서 사실은 대추리 상황이 긴박하다 해도 갈 만한 상황이 아니었다. 하지만 오전에 어떤 벗이 했던 말이 내내 뇌리를 맴돌았다. 그 벗은 낮에 대추리로 들어간다 하면서 열사증언대회를 말하는 내게 이렇게 얘기했다.

"열사 정신이 뭔데? 열사가 죽던 그때의 상황이 오늘 그대로 벌어지고 있는데, 지금 여기서 추모만 하고 있을 거야?"

맞는 말이었다. 오늘 현재 일어나는 불의와 폭력에 맞서지 않는다면 어떤 과거의 민주주의도 다 허상일 뿐이다. 어떤 386도, 과거의 어떤 인권변호사도, 과거의 어떤 투사도 모두 다 자신의 잇속밖에 모르는 비겁한 사이비일 뿐이다. 그래서 인간이 되기란 참 힘든 일인가 보다.

하지만 나까지 자리를 뜰 수는 없어 차질 없이 증언대회를 진행했다. 지역에 있는 민주단체 회원들, 민주노조 조합원들 중 상당수가 대추리로 가고 없어 썰렁한 자리였지만 까닭을 알기에 진행을 맡은 누구도 위축되거나 걱정하지 않았다.

첫 순서였던 영상 상영 시간에 나는 그만 눈물을 떨구고 말았다. 자료 영상 화면으로 1989년에 구로공단 (주)서광물산에서 노동자로 일했던 김종수 열사의 분신 장면이 나올 때, 앞자리에 앉은 누군가가 복받치는 설움을 참지 못하고 헉헉거리며 울었다. 김종수 열사와 한공장에 다녔던 나의 형이자 선배였다. 십수 년이 지났는데도 열사의 죽음은 그의 가슴속에 풀리지 않는 한의 응어리로 남아 있었다.

나도 따라 괜스레 눈물이 났다. 아마도 그런 이들의 숭고한 죽음에도 여전히 민중들은 가난하고 멸시받고 탄압받아야 하는 2006년 오늘이 비통해서였을 것이다. 화면은 20여 년의 세월이 흐르는 동안 도대체 무엇이 좋아졌고, 무엇이 달라졌는지를 우리에게 묻고 있었다.

다행히 밤 12시쯤 뒤풀이를 끝내고 지역 후배와 함께 대추리로 출발

했다. 밤 12시쯤 침탈한다는 소문이 있어 마음이 급했다. 먼저 들어가 있는 작가회의의 류외향 시인과 이재웅 소설가, 서수찬 시인에게 무척이나 미안했다.

20년 전 박영진 열사는 민주노조를 만들었다는 이유 하나만으로 공장에 쳐들어온 경찰들에게 신흥정밀 2층 옥상까지 쫓겨 올라가 온몸에 석유난로의 기름을 붓고 분신했다. 그 열사가 민주화유공자가 된 2006년 5월 어느 날. 그 기념식을 준비하던 내가 다시 그 경찰들에게 무자비하게 쫓겨 대추초등학교 1층 옥상에서 머리가 깨질 줄은 정말 몰랐다.

새벽 4시의 사이렌 소리

도착하니 새벽 1시쯤. 대추초등학교 운동장 곳곳에 모닥불을 피워두고 전국 각지에서 모여든 사람들이 노숙을 하고 있었다. 문화예술인들은 '들사람들'(평택미군기지 이전반대 문화예술인 모임도 빈집 점거에 함께 하고 있었다) 집에 조촐하게 앉아 있었다.

11시가 넘을 때까지 침탈에 대비해 대추초등학교에서 농성을 진행하다 잠깐 쉬러 들어온 길이었다. 사온 야식을 풀어 간단하게 한잔씩 하고 예상되는 새벽 침탈에 대비했다. 그제야 마음이 평온해져 왔다. 이곳저곳에 누워 자신의 삶을 반추하고 있을 천여 명의 사람들이 대추리에 있다는 생각을 하니, 그리고 그 속에 나도 함께 누워 있다고 생각하니 왠지 모르게 마음이 따뜻해졌다.

까무룩 잠이 든 새벽 4시경, 주민회관 사이렌이 조용히 울렸다. 아직 컴컴한 새벽, 전쟁이 시작되었다. 시커먼 사람 그림자가 여기저기에서 쏟아져 나왔다.

근 1천여 명. 언론은 나중에 '일부 순진한 신부들과 과격한 한총련 학생들'이 대추리에 개입하면서 문제가 꼬이고 있다고 했지만 왜곡도 그런 왜곡이 없다. 학생들은 일부였고 대부분이 이 사회에서 누구보다도 건강하고 바르게 살아가고 있는 양심적 시민들이었다. 반가운 얼굴도 많았다. 수는 적었지만 전국에서 올라온 사람들이었다.

내가 만난 벗들만 해도 울산, 김해, 순천, 광주, 부산, 일산 등에서 왔다. 농부로, 교사로, 노동자로 살아가야 하는 생업이 있어 모두 올라오지 못했지 만약 그런 생업의 문제만 아니었다면 아마 대추리 황새울 벌판은 수만, 수십만의 민주시민들로 꽉 찼을 것이다.

피곤할 법도 한데 사람들의 눈이 또렷또렷 빛났다. 가벼운 눈인사들도 평소와 다르게 무척이나 예의발랐다. 어떤 싸움이 될지 모두들 각오하고 있는 모습이었다. 가끔 언론이나 삼류 영화 등에 나오는 그런 과격하고 파괴적이고 무식한 사람들이 한국 사회의 민주주의를 이끌어온 게 아니다. 누구보다도 겸손하고 진중한 사람들이 그들이었다. 누구보다도 비폭력과 평화를 사랑하는 사람들이 그들이었다.

그게 불의고, 부당함이고, 폭력이라 생각하면 날아오는 미사일조차도 겁내지 않을 사람들이었다. 진실과 평화 앞에서라면 늘 자신을 숙이고, 자신의 마음을 거울 닦듯 닦으며 살아가는 사람들이 그들이었다. 어떤 물리적인 힘도 가지고 있지 않지만 때에 따라서는 그 어떤 핵폭탄보다도 더 웅혼한 폭발력을 담지한 '양심'이라는 숨은 무기를 품고 살아가는 사람들이 그들이었다.

사실 자기밖에 모르는 위정자들이 가장 두려워하는 것이 바로 이런 것이다. 그래서 그들은 종종 수만 명의 군경을 동원하기도 하지만 단 한 번도 사람들의 '양심'을 이겨본 적이 없다. 그 '양심'은 패배하면서 오히려 승리하는 묘한 힘을 가지고 있다. 그 '양심'은 승리하면서도 그 무엇도 천대하거나 굴복시키지 않고 오히려 끌어안는 묘한 힘을 가지고 있다. 그 '양심'은 늘 묻히면서도 오히려 더 거대한 생명의 물결로 살아나는 힘을 가지고 있다.

모두를 잃어도 꿈은 잃지 않으리

대추초등학교에 모인 사람들은 누가 먼저랄 것도 없이 자기 몸과 대추초등학교를 지킬 무기를 하나씩 집어 들었다. 1만 명이 넘는 전투경찰들이 군사작전 하듯 몰려오고 있다는 것을 다 들었기 때문이다. 그것도 새벽 침탈 계획이면 그간 민주주의 투쟁의 역사에서 보듯 무조건 연행과 폭력, 강제 집행에 대한 의지를 분명히 밝히고 들어오는 셈이었다. 그래봤자 기껏 집어 들 수 있는 게 황새울 벌판에 평화의 깃발을 세울 때 썼던 대나무 가지들뿐이었다. 돌멩이라도 있을까 싶어 찾아보았지만 대추초등학교 운동장은 깨끗했다. 대나무도 삐쩍 말라 죽비로나 쓰지 무기로는 애당초 그른 것들뿐이었다.

언론에서는 어린 학생들이 주민들을 이용하고 선동한다고 왜곡하는데 웃기는 소리였다. 오히려 주민들이 우리에게 끝까지 대추초등학교를 지켜달라고, 그러나 제발 몸은 다치지 말라고 당부하고 다녔다. 광주 5·18 때나 먹었을 주먹밥과 멀건 계란국을 내 자식에게 먹이듯 들고 다니며 먹여주었다. 미군놈들에게 지지 말라고, 저 꼭두각시 정부와 무뇌아들뿐인 공권력에게 지지 말라고 새벽부터 주먹밥 지어주던 그 따뜻함과 목메임이 우리를 물러서지 않게 했다. 우리는 군사작전 하듯 새벽을 틈타 개미새끼 한 마리 나갈 수 없도록 포위해오는 1만 5천여 명의 전투경찰들을 보면서도 주눅 들지 않았다. 아, 내가 여기에서 혹 예기치 못한 사고로 죽을 수도 있겠구나 하는 공포감 속에서도 고요한 마음을 가질 수 있었다. 주민들과 우리는 지역을 떠나, 성씨를 떠나, 어떠한 경제적 이해관계도 없이 이 사회의 자주와 민주와 평화를 바라는 한마음으로 똘똘 뭉쳐진 동지들이었다.

광주 5·18 때도 광주 양민들은 폭도로 매도되었다. 일부 좌경세력에게 현혹된 불쌍한 민초들로 묘사되었다. 하지만 역사는 그들을 민주화유공자로 만들었고, 광주를 세계적인 평화의 도시로 만들었다. 그 좌경세력들 중 일부는 그 민주주의 투쟁의 성과를 바탕으로 지금은 사회원로로, 정치인으로 대접받고 있기도 하다. 오히려 광주 양민들과 그들과 연대한 민주세력들을 짓밟았던 당시 대통령과 위정자들은 십수 년이 지나 내란죄와 국가변란죄로 법정에 서야 했다.

혹자는 그때는 그때고 지금은 변했다며 아무런 역사적 개연성도 설명하지 못하는 세월의 흐름만을 근거로 들이댄다. 하지만 분명한 것은 광주 5·18을 가장 훌륭히 계승하고 있고, 아직도 5·18을 탈색된 역사의 박제로 만들지 않고, 개인 신분상승과 이권의 도구로 삼지 않고 현재화하고 있는 것은 2006년의 대추리이고, 양재동 철탑에 올라간 하이스코 비정규직 노동자들이고, 한미 FTA 반대를 외치며 오늘도 거리에 서는 민주시민들이다.

어떤 괴변으로도, 주한미군이 이 땅에서 물러나기 전에, 평화로운 남북통일의 기틀이 세워지기 전에, 일부의 자본가들이 사회적 부의 대부분을 차지하고 있는 초등학교 도덕교과서만도 못한 사회체제가 변화되기 전에 5·18은 완성되지 않는다. 6·10도 완성되지 않고, 4·19도 완성되지 않고, 8·15도 완성되지 않고, 갑오농민전쟁도 완성되지 않는다.

그 과정일 뿐이다. 그 과정의 어느 단계에 2006년 오늘 대표적으로 대추리가 서 있고, 하이스코 비정규직 노동자들이 서 있을 뿐이다. 그 과정의 어느 한 단계에 우리 모두는 헌신적으로 참여해 연대하고 싸울 뿐이다.

그래서 1980년 5·18은 숭고했는데 2006년 5월의 대추리는 한심한 보상금 문제일 뿐이라고 함부로 얘기하는 저 청와대의, 열린우리당의, 한나라당의 썩어빠진 정치인들은 사실 어떠한 역사적 인식도, 역사적 예의도, 역사적 철학도 없는 협잡꾼들일 뿐이다. 사실은 이 시대에서 가장 비열하고 자신의 자리 욕심밖에 모르는 더러운 장사꾼들일 뿐이다. 어쩔 수 없는 상황밖에 모르지 사회·역사적 상상력이라곤 아예 꿈꿀 줄 모르는 자들일 뿐이다. 자기 나라 민중들에게 좀 더 행복해질 수 있는 꿈을, 좀 더 민주적일 수 있는 사회 시스템을 모색하는 꿈을 제발 버리라고 선동하며, 한 사회를 꿈이 없는 무덤으로 만드는 가장 위험하고 악독한 반체제 인사들일 뿐이다.

하지만 우리는 소박하고 조금은 배움이 적을지 모르지만, 상황의 논리가 아닌, 형편의 논리가 아닌 다른 민주적 사회에 대한 꿈을 꾸는 사람들이었다. 짓밟혀서도, 머리가 깨져서도 그 꿈만을 생각하는 사람들이었다. 물론 그 꿈을 꾸다 지금의 저 위정자들처럼 자신의 정치적·경제적 야망만을 위해 변절한 사람도 있고, 자신을 유폐시키며 좌절한 사람도 있지만 많은 사람들이 아직도 그 꿈을 꾸며 살아가고 있다.

1만 5천의 검은 제복들

대추초등학교엔 따로 지휘부가 있는 것도 아니었다. 알아서 모두 초등학교 울타리 빈자리들을 찾아 섰다. 그곳에 문화예술인들도 함께 섰다. 펜이 아닌, 붓이 아닌, 카메라가 아닌, 힘없는 대나무 막대기를 들고 이름 없이 섰다. 때론 몸으로 시와 그림을 그려야 하는 때가 있는가 보다. 때론 나의 문학을 지키기 위해 평범한 이들과 함께 더 평범한 자세로 그들과 같은 자리에 같은 모습으로 서야 하는 때가 있는가 보다. 사실은 늘 그렇게 서 있어야 하는 것을. 이 시대의 농부들이 농기구를 놓고 서울 여의도 아스팔트에서 '아스팔트 농사'를 짓듯, 이 시대의 노동자들이 연장을 놓고 거리 위에서 피로 '민주주의'라는 글씨를 새기듯, 우리도 때로는 내 몸에게 내 문학의, 미술의 의미를 물어야 하는 때가 있는가 보다.

황새울 벌판의 철조망 설치를 막기 위해 한 떼의 사람들이 나가보았지만 전혀 싸움이 가능치 않은 상황이었다. 우리는 금세 대추초등학교 안에 고립되었다. 마을 골목골목까지, 정말 쥐새끼 한 마리 빠져나갈 틈 없이 1만 5천여 명의 전투경찰들과 체포조들이 한 발 한 발 우리를 조여들어 왔다.

새벽 여명을 뚫고 헬리콥터 수십 대가 철조망과 자재들을 싣고 황새울 벌판에 내려앉았다. 우린 "야, 멋지다. 멋져" 하며 괜한 호기를 부려보기도 했다. 저 전쟁기계들이 내 세금을 잡아먹고 있는 것들이지. 저 전쟁기계들이 내 노동의 결실을 빼앗아 먹고사는 것들이지. 가슴속에서 분노가 치받쳐왔다.

어둠 속 곳곳에서 산발적인 전투들이 오갔다. 초등학교 정문 쪽에 있던 류외향 시인은 강제 연행이 되었다가 기지를 발휘해 탈출해 나오기도 했다. 그 과정에서 씨팔년, 뭔 년 등의 온갖 욕을 다 들어야 했다며 분을 못 이겼다.

날이 점점 더 밝아오자 우리를 둘러싼 전경들의 기세가 서서히 보이기 시작했다. 참, 장관이었다. 여성이 절반이고, 부당한 공권력에 맞선 싸움이라고는 요 10여 년 새 해본 적이 없는 오합지졸의 양민 천여 명을 상대로 무장한 공권력 1만 5천 명이 작전을 감행해오는데 참 장관이었다. 그 장관이 이 조그만 대추리 마을을 향해서가 아니라, 저 흉폭한 미군기지를 향해서였더라면 얼마나 자랑스러웠을까. 쓴물이 넘어왔다. '저들을 막는다?' 모두들 고개를 절레절레 저었다. 하지만 누구도 경솔히 말하지 않았고 뒤로 슬슬 물러나지 않았다.

피비린내

아침 9시 6분. 그들이 일제히 움직이기 시작했다. 싸움? 극렬시위대? 전경들이 다쳤다고? 딱 10여 분 만에 우리는 일제히 운동장 안으로 몰려 초등학교 건물 안에 갇혔다. 초등학교 건물로 피하지 못한 사람들의 비명 소리로 작은 마을 대추리가 경악했다. 방패로 찍고, 곤봉으로 치고, 주먹으로 얻어터지고, 발길을 당하는 것은 예사였다. 지옥풍경이 그러할까. 부당한 외세에 맞서 가열차게 싸우는, 제 나라 양민들을 무자비하게 도륙하는 공권력은 어느 나라 공권력일까. 전쟁과 폭력에 반대하는 양민들의 입을 짓뭉개고, 머리를 깨는 공권력은 도대체 이 나라 양민들이 무엇을 원하기를 바라는 걸까.

이라크에서, 팔레스타인에서, 아프가니스탄에서 인류의 치욕이 될 부당한 침략전쟁을 수행하는 나라의 군대, 그 군대에게 단 한 평의 땅도 주어서는 안 된다는 이 인류의 숭고한 목소리들을 무자비하게 탄압하는 이 나라 정부는 도대체 어떤 정부일까. 그런 야만적인 인류의 공적에 맞서 평등·평화의 세계화를 이루는 데 우리 국민들이 한마음으로 함께하자고 선전·선동 하지 못하고, 그 인류의 공적들이 주는 떡고물이나 받아먹는 게 이 나라의 국익이라고 선전·선동 하는 이 위정자들의 인식을 과연 뭐라 해야 할까. 그들이 장악하고 있는 학교 교육을 뭐라 해야 할까. 그러면서 세계시민이 되라는 그들의 정신분열증을 어떻게 이해해야 할까. 그 기상천외하고 복잡하고 오묘한 역사인식을 이 우매한 국민들이 어떻게 따라잡아야 할까.

피투성이의 사람들, 절규들, 여기저기에서 터지는 욕설들, 아비규환.

1층에서 잠시 버티다 2층 창을 통해 마을도서관 옥상으로 올라갔다. 나는 사실 도망칠 곳이 있으면 초등학교 건물을 벗어나 연행과 폭력을 피할 수 있는 곳으로 가고 싶었다. 사람의 마음이 그런가 보다. 며칠 살다 나오거나, 몇 달 살다 나오면 그만일 연행 구속이 두렵다기보다 그 잔인하고 폭압적인 상황을 자연스레 피하고 싶었다. 이러다 정말 크게 다치기라도 한다면 하는 두려움도 있었다.

하지만 역시 참 바보스럽기도 한 게 사람인가 보다. 2층 창문을 통해 보니 건물 뒤편 골목에서 한바탕 접전이 벌어지고 있었다. 어린 전경들 역시 극도로 신경이 날카로워졌다는 것이 확연히 보였다. 그곳에 지휘관들은 한 명도 보이지 않았다.

사지로 몰린 것은 사실 양민들만이 아니었다. 어린 전경들도 마찬가지였다. 그들에겐 이성이 있을 수 없었다. 끝끝내 진압하라는 절대명령 하나뿐. 양민들에게 밀려 고지를 탈환하지 못하면 가만두지 않겠다는 절대복종의 명령. 그러니 그들이 사람이 아닌 개가 되고, 승냥이가 되고, 늑대가 되는 것은 자연스러웠다.

거기다 그들은 어떠한 민주주의 학습도 받아보지 못한 어린 청년들일 뿐이었다. 사실 민주주의 투쟁에 나선 어떤 양민도, 시위대도 그들을 적으로 삼지 않는다. 그들이 맨 앞에 방패막이로, 침탈을 수행하는 폭력수행의 기계로 서 있기에 어쩔 수 없이 맞서지 단 한 번도 어린 전경들을 적으로 삼고 싸우지 않았다. 그들의 뒤에 거만하게 서 있는 부패한 경찰 권력들, 나와 보지도 않고 앉아서 전적만을 문제 삼는 고위 부패관료들, 그들의 뒤에 서 있는 부정한 정치인들, 대통령이라는 작자, 그리고 그보다 머나먼 바다 건너에 살면서 인류의 꿈과 소망을 전쟁과 폭력으로 빼앗아가는 저 군국주의 세력들을 미워하고, 그들에게 저항할 뿐, 어린 전경을 적으로 삼지 않는다.

하지만 우리의 싸움은 아직도 그들 세포조직의 가장 말단인 죄 없는 전경들과의 피비린내 나는 싸움이다. 그들을 밀고 나가지 않고서는 그들의 상관들에게 다가갈 수가 없다. 우리의 강력한 의사를 전할 방법도 없다.

피 흘리는 이 땅에 인권은 없다

어떤 식으로든 아래에서 싸움을 하고 있는 시위대들을 도와야 된다는 절박함에 2층 창을 통해 도서관 지붕으로 올라갔다. 우리가 가진 것은 1층에서 가져온 연탄밖에 없었다. 연탄이라도 부지런히 던지고, 집단 구타하지 말라고, 제발 방패로, 곤봉으로 치지 말라고 사람 죽는다고 악을 쓰는데 어느 순간 머리가 띵하며 힘이 쭉 빠졌다. 어, 하며 고개를 숙이는데 발밑에 어른 주먹만 한 벽돌이 툭 떨어졌다. 이거였구나. 반대편에 있던 전경들이 계속 우리를 향해 돌을 날리고 있었는데 결국 맞고 말았던 것이다.

 우선 내가 죽었는지, 안 죽었는지를 몇 초 동안 점검해보았다. 의식이 있으면 나는 괜찮은 거라고. 다행히 그 몇 초 동안 의식이 계속 있었다. '그러면 우선은 괜찮은 거야. 불행 중 다행이야.' 잠시 후 사람들이 달려왔고, 엎고 있는 손 사이로 뜨뜻미지근한 것이 쭉 흐르더니 바지 위에 빨간 점들이 점점이 생겨났다. 비로소 안심이 되었다. '터졌군. 그러면 안 죽는 거야.' 내 발로 의무대를 물어 찾아갔다.

 간이 의무대를 차려놓은 교실은 더 아수라장이었다. 대부분이 머리가 깨진 사람들이었는데도 얌전히 앉아 차례를 기다리고 있었다. 나는 그나마 양호한 편이었다. 얼굴이 피칠갑이 되어 부어오른 사람들. 그런데 그런 사람들도 양호한 편이었다. 네댓 사람이 계속 사람들을 들고 들어오는데 사지를 못 움직이는 사람들이었다. 그러니 나처럼 머리가 조금 깨진 사람들은 의식을 잃고 계속 들려오는 사람들을 먼저 돌보라고 몇 번이나 자기 차례를 양보해야 했다.

 그런데 희한하게도 다친 사람들 얼굴이 모두 편안해 보였다. 머리가 터졌는데 응급치료란 게 소독약으로 소독 한 번 하고, 무슨 연고 한 번 바르고, 가제 대고 반창고를 붙인 후 "꼭 누르고 있어요" 하면 끝이었다. 무슨 전쟁터도 아니고. 내가 들어갔을 때는 이미 반창고도 없어 여기저기에서 청테이프나 비닐테이프를 찾아다 주어야 했다. 누구도 이렇게까지 무자비하게 침탈할 줄은 꿈에도 생각지 못했을 터였다. 무슨 간호사들도 아니고, 평택지킴이로 활동하고 있는 사회단체 여성회원들이 울먹울먹하며 그 일을 하고 있었다. 그 따뜻한 동지애에 가슴이 미어지기도 했다.

나중엔 정말 응급처치를 해줄 아무런 대안들이 없었다. 의식을 잃은 사람들에게 빨간 소독약은 아무런 소용이 없었다. 의식을 잃고 실려와 바닥에 동댕이쳐진 환자들은 이미 넘쳐나고…….

그런데도 미친 전투경찰들은 바로 문 앞까지 다가왔다. 우리가 있는 교실 복도 창을 모두 깨뜨리며 가장 잔인한 욕설과 인상으로 우리를 위협했다. 경찰이 아니었다. 밖에서 전투경찰들이 던지는 돌을 피하기 위해 우리는 벽 뒤에 숨어 오들오들 떨었다.

"야, 새끼들아. 여긴 환자들 있는 곳이라고……. 사람 죽어가는데 이게 무슨 짓들이야."

누군가 고래고래 소리를 질렀다. 돌아온 대답은 기가 막혔다.

"이 개새끼들 니들 오늘 다 죽었어."

그들은 환자들까지도 다시 짓밟을 태세였다.

겁에 질려 있는 사람들에게 빨리 전화를 하라고 했다. 언론이든 어디든 연락해 환자들이 다 죽어가는데도 대책은커녕 오히려 탄압뿐이니 빨리 경찰들에게 이성을 되찾고 위험한 상황에 놓인 환자부터 우송하라고, 밖에서라도 연락을 해달라고.

전쟁터보다 못한 대추리

사람들이 악을 쓰고 여기저기 전화를 하자 그제야 환자들은 나오라는 소리가 들려왔다. 사실 나는 나가지 않을 참이었다. 왠지 더 같이 싸워야 한다는 마음이었다. 그런데 갑자기 구토가 시작되었다. 부끄러운 줄도 모르고 발 디딜 틈도 없는 곳에서 이 바닥 저 바닥을 기며 구토를 했다. 버럭 겁이 났다. 머리 다치고 구토 증세가 있으면 위험하다던데……. 화도 나고, 남은 사람들에게도 미안했지만 이런 경우엔 자신을 지켜야 한다는 판단이 들었다. 이미 주변엔 아무도 없었다.

"환자들 나간 곳이 어디예요?"

누군가가 저기라고 가르쳐주었다. 밖에서 전경들이 유리창을 깨며 돌을 던지고, 욕설을 퍼붓는 그 험한 복도를 뛰어 끝 쪽에 난 문을 나서니 참 평온했다. 초등학교 밖은 너무도 조용했다. 이미 진압이 끝났으니 말이다. 시커먼 전경들이 쭉 도열해 서 있는 것 말고는 그런 평화로움이 없었다.

간신히 먼저 환자들을 데리고 나갔던 한 여성 동지가 "환자를 연행하는 놈들이 어딨냐"고 끝끝내 붙들고 늘어지며 여기저기 구경하고 있는 기자들과 사람들의 여론을 만들어주었다. 우선은 환자를 좀 내려놓고 쉬게 하라는 소리에 길바닥에 버려졌다. 그렇게 한 30분쯤 지났을까. 정말 응급환자일 경우 죽기 딱 좋았을 것이다. 진압 계획은 그리들 잘

짜왔으면서 횅한 들판에서 구급차 한 대 없이 사람들을 짓밟다니.

계엄, 음산한 밤 대추리

다행히 CT촬영 결과 머릿속은 괜찮다고 했다. 2~3일 입원해 있어 보라 했지만 다음 날 오후에 퇴원했다.

다시 대추리로 가야 했기 때문이다. 오후 2시에 범국민규탄대회가 잡혀 있었다. 나가 보니 여기저기 나처럼 머리 앞뒤에 반창고를 붙인 사람들이 여럿 보여 킥킥킥 웃기도 했다. 밤새 그나마 안녕했던 사람들이다. 다행이었다. 저들은 그토록 무자비하게 탄압하면 사람들이 겁을 먹고 사회적 연대를 하지 않을 거라 생각했는지 모르지만 사람들은 그럴수록 더 단단해지고 푸르러진다. 같은 작가회의 소속인 이재웅 소설가도 꽁지머리처럼 뒷머리에 하얀 반창고를 붙이고 왔다. 얼마나 진한 사람애가 그런 과정에서 오가는지 저들은 모를 것이다.

그렇게 다시 만난 우리는 천 명이 아닌 3천 명이 되어 다시 씩씩하게 싸웠다. 저들은 아마 놀랄 것이다. 천 명에서 520명을 연행하고, 100여 명의 머리를 깨놓았는데, 또 어디서 3천 명의 사람이 불쑥 솟아났으니 말이다.

대추리로 가는 길을 경찰이 막아 우리는 십몇 킬로미터의 동리와 언덕과 들을 넘고 넘어 기어코 대추리 평화동산 앞까지 갔다. 간단히 결의 발언을 하고 바로 황새울 벌판으로 나갔다. 우리 가슴에 쳐진 저 분단의 철책선, 전쟁과 야만의 철조망을 걷어내기 위해서였다. 철조망을 끊고 들어가는 우리를 총을 든 군인들이 막고 쫓아왔다. 그 과정에서 다시 100여 명이 연행되었다. 그래도 오랜만에 황새울 벌판을 다시 한 번 질주해보았다. 대추초등학교는 끝내 무너졌지만 그것은 참 신 나는 저항이었고 반격이었다.

그러나 반격의 낮이 지나고 나자 다시 무서운 밤이 찾아왔다. 밤 9시 30분쯤엔 평화동산에 모여 늦은 저녁을 먹고 있는 사람들을 전경들이 침탈해 들어와 잡아가기도 했다. 낮 동안 맛보았던 잠깐의 승리감은 서서히 공포가 되어가기 시작했다. '들사람들' 집에 모여 있던 문화예술인 10여 명도 황급히 집에 켜진 불을 끄고 집 뒤편 비닐하우스 뒤 어둠 속에 숨어야 했다. 어둔 골목 여기저기에서 사람들이 끌려나가는 소리가 들려왔다.

아, 이게 무슨 시절이란 말인가. 아무래도 '들사람들' 집은 위험하겠다 싶어 밤 10시 30분경 담을 넘고 기어 옆집으로 갔다. 숨겨줄 것을 부탁했더니 쾌히 들어오라 해서 그곳에서 숨죽이며 하룻밤을 보내고 나왔다.

비는 내리고 참 음산하고 긴장되는 밤이었다. "야, 정말 준계엄이구나, 계엄" 하는 소리가 절로 나왔다. 수천의 무장한 전경들이 여기저기에서 갑자기 "억, 억" 소리를 질러대고 정체불명의 승용차들만이 동네 골목골목을 소리 없이 천천히 지나 다녔다.

문자나 전화를 통해 서로 오늘 밤은 피해야 한다는 소식들이 소리 없이 오갔다. 우리가 있는 집으로 황급히 도망쳐왔던 한 대학생 친구는 새벽 내내 문자메시지를 통해 이야기를 주고받다 새벽 4시경 긴장이 잠깐 풀린 상태를 틈타 마을을 빠져나갔다. 5·18이 있던 시절 광주에서 고등학교를 다니던 형은 화순 방향으로 산을 타고 넘어 집으로 돌아왔다. 아버지는 누구에게도 형이 온 사실조차 말하지 말라고 당부했다. 지금이 그런 시절인지.

마을 정찰을 다녀온 화가 이윤엽은 마을이 공동묘지 같다고 했다. 모두 벽을 타고 숨어 다니는데 만나면 서로 깜짝깜짝 놀란다는 것이었다. "누구야?" 하면 "나 주민이다" 하면서. "넌 누구냐?" 하면 "나도 주민이다" 하면서. 무슨 삼자개입 금지법이 있던 박정희 전두환 때도 아닌 때 이게 무슨 꼴이람 했지만, 5월 5일 대추리는 충분히 그런 공포를 자아내기에 충분했다. 대추리로 들어오는 모든 길은 봉쇄되었고, 기자 한 명 없는 곳에서 무슨 일이 일어날지 알 수 없는 일이었다. 논길을 기어서라도 밖으로 나가 이런 참혹한 현장에 대해 말해야겠다는 생각이 불쑥불쑥 들었다.

평화의 씨앗은 넘치지 않는다

아침 골목들도 수상했지만 그래도 대낮인데 하며 어깨를 조금 펴고 동네를 걸어보았다. '아, 이게 국가폭력이라는 것이구나.' 새삼 다시 느낄 수 있었다.

오후 2시로 예정된 대추리에서의 2차 범국민규탄대회는 실제 힘들다는 판단들이라 우선 대추리를 빠져나왔다. 어제 문병을 왔다가 함께 대추리로 들어가 싸우던 중 연행된 선배 면회를 하러 분당경찰서에 들렀다 오후 늦게야 집에 돌아왔다.

버스 차창 밖으로 세상은 참 평온하고 아름다워 보였다. 그게 조금은 서럽기도 했지만, 늘 보이지 않는 곳에서 폭압이 일어남을 잘 알기에 크게 개의치 않았다. 진실이 알려지는 데는 시간이 필요하다는 것을 알기 때문이다.

곧 평등·평화를 바라는 평범한 사람들의 물결이 다시 광화문에서, 전국 각지에서 봄 진달래들처럼 앞다투어 일어날 것이다. 그 물결이 우리 사회를 다시 한 번 더 성숙시키고 아름답게 만들 것이다. 아무리 막아도 국민들은 대추리에 전쟁기지가 들어서지 못하도록 막아설 것이다. 대추리 들판에 전쟁기계들이 아닌 파란 모들이 자라나 황금 이삭으로 여물도록 할 것이다.

아무리 많이 심어도 평화의 씨앗은 넘치지 않는다. 넓힐수록 좋은 것은 이런 평등·평화의 마음이지, 전쟁기지가 아니다.

  5·18이면 매년 갔던 광주를 이번엔 가지 않을 참이다. 나는 다시 대추리로 갈 것이다. 그곳에서 아직도 광주가 피 흘리고 있기 때문이다. 아마 구 묘역에 잠든 김남주 시인도 '당연히 그래야지' 하실 것이다. 죽어간 수천 광주의 원혼들도 미군에게 땅을 내주고 뻔뻔히 나와 화려한 신묘역 앞 기념식 내빈석에 앉아 있을 당신들을 피해 황새울 벌판으로 날아들 것이다. 제발 정부와 정치인들이 자신을 위해 역사를 욕되게 하지 않기를, 제발 자신을 위해 모두의 미래를 훼손하지 않기를 바란다.

  민주주의는 무슨 과거가 아니다. 오늘 있거나 없는 것이다. 없으면 다시 찾아야 하는 것이다.

누가 황유미를 죽였나요

당신의 영전에 나는
무슨 말을 바쳐야 할지 모르겠다
어떤 꽃을 놓아야 할지
어떤 향을 피워야 할지
모르겠다, 정말 모르겠다

꽃의 향기가 아닌 바람의 향기가 아닌
밤낮없이 실험실의 모르모트처럼
독성화학물질만을 흡입하며 살다가
혼탁해진 당신의 피를, 얽혀버린 당신 영혼의 회로를
나는 어떤 진혼의 세정제에 넣어
원한 없이 맑게, 아픔 없이 밝게
세척해주어야 하는지 모르겠다
그런 세척액이 이 세상 어디에 있는지조차 모르겠다

그곳이 차라리 어느 막장 진폐의 어둔 터널이었다면
히로시마와 체르노빌의 방사능이었다면
원진레이온의 중금속이었다면
한국타이어의 돌연사였다면 차라리 좋았을 것을
당신은 단지 방독면을 쓰고 들어가야 하는
어느 밝은 클린룸에서 하얀 소복을 입은 채
죽음의 용액에 반도체를 씻어내며
열심히 일했을 뿐이다

그런 당신 영전에
나는 어떤 소망의 만장을 걸어주어야 할까
어떤 사랑의 만가를 불러주어야 할까
어떤 찬 서리가 그대를 꽃봉오리 영글기도 전에
말려 죽였다고 해야 할까
어떤 보이지 않는 비수가
당신의 코와 입과 눈과 귀를 뚫고 들어갔다고 이야기해야
할까

사회의 생동하는 기운을 좀먹고
일어나는 정신들을 질식시키며

우리 사회를 천천히 죽이는
저 삼성의 악질 자본 일가라고 얘기하기엔
너무 사실적이어서 안 돼, 근로복지공단과 노동부와 산업안전공단의
미필적 고의에 의한 살인이라고 얘기하는 것도
심드렁해. 나는 누가
스물셋 꽃보다 아름다운 당신을 죽였다고
저 하늘 저 땅에게 고해야 할까

가르쳐다오. 못 다 피어 사그라진 사람이여
당신은 어떤 꿈의 메모리
어떤 희망의 키판
어떤 사랑과 연대의 위대한 본체였나, 당신은
어떤 더러운 세상을 깨끗이 씻어주고자 한
맑은 세정제였고, 착한 세척자였나
누가 당신을 그렇게 더럽혀지도록 쓰고
함부로 버렸나

말해다오.
지워지지 않는 하얀 피의 상처로 떠나간 사람이여

전 세계 반도체공장 노동자들의 건강을 지키는 적혈구로
산재 철폐의 투사로 다시 살아오는 사람이여
오늘은 어느 밤하늘 은하수에서
돛대도 삿대도 없이
꿈의 그네를 타고 있나
　_「누가 황유미를 죽였나요 -삼성반도체 백혈병 사망 노동자 황유미 님께」

한 소녀가 있었다. 소녀의 고향은 미시령 옛길 위에서 보면, 세상 어느 바닷가보다 아름다운 속초였다. 소녀는 속초라는 그 아름다운 이름 속에 있었다는 것만으로도 존중받아야 한다.

소녀는 산을 넘어 도회로 나가는 꿈을 꾸었다. 바다 넘어 아름답고 진기한 사람들이 많은 다른 나라들을 꿈꾸기도 했다.

때로는 인어공주가 되어보기도 하고, 때로는 알프스 소녀 하이디가 되어보기도 하고, 때로는 말괄량이 삐삐, 콩쥐보다 팥쥐를 좋아하는 소녀, 주근깨투성이지만 착한 캔디가 되어보기도 했다.

특출하지도 공부를 잘하지도 못했다. 그러나 심성만큼은 그 나이 때 모두가 그렇듯 착하고 여렸다. 그것은 사실이다. 그 나이 때 우리 모두는 죄가 없다. 죄가 있더라도 그것은 모두 성인들인 우리의 잘못일 뿐, 그들의 잘못이 아니다.

열아홉이 된 소녀는 심청의 마음으로 돈을 벌기 위해 팔려갔다. 우리는 최소한 그렇게 얘기해야 한다. 이 사회는 그가 일한 만큼 주지 않아도 되게끔 세팅되어 있다. 조직되어 있다. 대학물을 먹었든 못 먹었든 우리의 운명은 거기서 거기, 몸 팔아 먹고살아야 한다고 얘기해야 한다. 아직은 그런 세상이라고 얘기해야 한다.

속초상고 친구들 10명과 함께 팔려간 열아홉 살 소녀는 낯선 도시 반도체 공장에서 3조 4교대로 밤을 잃고, 별을 잃고, 태양빛을 잃고, 시간을 잃고, 자연을 잃고, 친구를 잊고, 사랑을 잊고, 다른 꿈과 기회를 잊고 일해야 했다. 방독면을 써야만 하는 죽음의 공장에서 일해야 했다. 중요한 것은 그것이다. 청결과 위생만이 생명이라는 그곳에서 마치 모르모트처럼 방독면을 쓰고 일해야 했다. 관리자들은 잘 들어오기 싫어하는 답답한 밀폐공간이었다. 한 달 꼬박 일하고도 월 100만 원 정도를 받는 값싼 노동자들만이 들어가 일하는 공간이었다.

그가 반도체를 세척하던 독성의 화공약품들은 아직도 정체가 밝혀지지 않은 위험물질들이었다. 사람이든 짐승이든 그 어떤 것도 먹거나 마시거나 흡입하면 안 되는 위험물질들이었다. 그래서 방독면을 썼던 것이다. 그것만이 진실이다.

그곳에서 1년 반을 일하고 나서, 늘 푸르던 소녀는 갑자기 시름시름 앓기 시작했다. 원인을 알 수 없었다. 원인이라면 그 반도체 공장에서, 격리된 공간에서 위험한 화공약품들과 살았던 것뿐이다. 일을 마치고 나면 늘 피곤하고 언제부턴가 구토가 치밀고 어지럽던 기억밖에 없었다.

그는 '급성 골수성 백혈병' 판정을 받았다. 유전이 아니면 방사선이나 유해물질들에 의해 환경적으로 나타나는 무서운 질병이었다. 하지만 말하지 못하는 화공약품들에게 "내가 왜 이러니? 혹시 너희들 때문은 아니니?"라고 물어볼 수는 없었다. 당연히 자신을 데려다 일을 시켰던 회사에 물었다. 사원을 가족처럼 대하겠다고 했던 회사이기에 안심했다.

하지만 그것은 착각이었다. 그들은 병에 걸렸다는 얘기를 하지 않으면 치료비를 다 대주겠다고 했다. 위로금도 주겠다고 했다. 어쩌면 고마운 일이었다. 그거라도 해주었다면, 그의 아버지도 조금은 참았을 것이고, 이런 오늘의 집회도 없이 회사도 편해졌을 것이다.

하지만 회사의 약속은 파기되었다. 전체 치료비인 7천만 원을 주겠다고 해놓고는 4천만 원만 주고 땡이었다. 소녀의 집안은 어려워졌다. 할머니가 이게 무슨 일인고 하며 절명하시고, 어머니는 신경정신과를 다녀야 했다. 택시기사 아버지는 이젠 갈아야 할 타이어처럼 더 허름해졌다. 소녀의 머리는 모두 빠져 대머리가 되었고, 체중은 30킬로그램까지 빠졌다. 그래도 낫지 않았다. 차라리 인간이 아니었으면 했다. 모든 피를 다 빼내고 새로운 피로 갈아주는 그 무슨 기계가 있는 세상이라면 인간이 아니어도 좋겠다고 생각했다.

그를 데려다 쓰고 버린 회사는, '삼성반도체 기흥공장'이었다.

누가 그 많은 돈을 벌어다 주었는지, 사주 한 사람이 몇조 원의 돈을 가지고 있고, 8천억 원이라는 돈을 사회에 환원시켜주었다고 뻐기는 회사였다. 금융실명제가 된 지 언제인데 수천 개의 유령 계좌를 가지고 누구의 돈인지도 모르는 돈을 주무르는 회사였다. 주인 없는 유령 계좌의 돈을 잘됐다, 국고로 환수해 가난한 이들을 위해 쓰자고 이야기할 수 있는 판검사, 변호사, 정치인, 언론인, 학자들에게 돈을 주어왔다는 이상한 권력, 삼성공화국이었다. 너무 어마어마해서 상상도 할 수 없는 세계였다.

7천만 원을 건네주었어도 아무 일 없었을 텐데, 4천만 원만 건네줘 문제를 더 만드는 쩨쩨한 회사였다. 축적만 생각하지 나눌 줄 모르는 회사였다. 전체 사회의 행복과 안녕에는 관심 없고, 사주 일가의 무한대 축적만을 생각하는 회사였다.

그는 2년간 투병하다 2007년 3월 6일, 스물셋에 죽었다. 원한을 남기고, 유독 화학물질들을 증오하며. 아니 무엇을 증오해야 할지도 모른 채 엄마 미안해, 아빠 미안해, 하며 울면서 갔다. 항암치료를 하고 속초로 돌아가던 어느 고속도로 변에서 앞자리에 앉은 엄마 아빠를 보며 조용히 그렇게 떠나갔다. 자신이 살았던 사회의 본모습도 볼 틈 없이 일만 하다 죽어갔다. 식민지 시절 군대 실험용으로 쓰이다 죽어갔다는 어느 인간들처럼 자신의 몸을 이 사회의 건강을 위한 숙주로, 항생제로 내놓고 갔다.

그의 죽음을 통해, 처음으로 열네 개 반도체 공장을 대상으로 역학조사가 실시되었다. 반도체 공장에서 일하는 노동자들에 대한 건강 실태 조사가 실시되었다. 당연히 문제가 터지기 전에 했어야 할 일이다. 한국산업안전보건공단도, 근로복지공단도, 고용노동부도 이전에 생각지 않았던 일을 그가 죽음으로써 했다

그런데 그런 위대한 일을 하고 간 그에게 이 사회는 너무나도 예의 없다. 수십만 명, 세계적으로 따지자면 수억 명에 이르는 반도체와 화공약품 사용 사업장 노동자들의 건강지킴이가 되어준 그에게, 이 나라는 산재 보상 하나 해줄 수 없다고 한다. 그것은 수십만 명의 노동자들이 처한 환경과 건강보다 '이건희'라는 사주 하나, 그 일가 몇 명이 입을 손익이 더 중요하다는 이야기 말고 무엇이겠는가.

황유미 님의 죽음은 아직까지 산재 인정을 못 받고 있다. 황유미 님의 죽음을 계기로 '반올림(반도체 노동자의 건강과 인권지킴이, http://cafe.daum.net/samsunglabo)'이라는 단체가 생겨나 현재까지 활발하게 활동 중이다.

한국 사회는 이들의 호소를 들으려 하지 않지만, 이미 '반올림'이 제기한 반도체 산업 내의 산업재해 문제는 국제적 관심사가 되어 있다. '반올림'과 함께한 공유정옥 씨가 2010년 6월, 미국 공중보건학회(AHPA)의 '2010 산업안전보건상(Occupation Health & Safety Awards)' 국제부문 수상자로 선정되기도 했다.

한편 희생자는 황유미 님 혼자가 아니었다. 황유미 님 이야기가 알려지면서 2011년 현재 그간 삼성반도체 공장에서 일하다 병에 걸렸다고 제보해온 사람만 120명을 넘었다. 이 중 46명의 젊은 노동자가 급성 백혈병과 악성림프종 등 희귀 질병에 걸려 사망했다.

작은 코뮌, 기륭

2008년 5월 10일 오후, 문자 하나가 들어왔다.

"예정대로 갑니다."

구로공단에서 천 일째 싸우고 있는 기륭전자 비정규직 여성노동자들이 '하이 서울 페스티벌' 폐막식이 예정되어 있는 시청 앞 20미터짜리 조명탑에 올라가기로 했다는 얘기였다.

641,850원을 받던 노동자들이다. 최저임금보다 10원 많이 받던 분들이다. 64만 원으로 한 가족의 생계를 책임지던 여성노동자들이었다. 300명 공장노동자들 중 정규직은 10명, 직접고용 계약직 노동자들은 40여 명, 그러곤 나머지 노동자들을 불법파견업체를 통해 음성적으로 고용했던 공장이다. 정규직은 상여금이 500퍼센트고, 직접고용 비정규직은 300퍼센트인데, 200여 명이 넘는 불법파견 비정규직들은 0퍼센트였다고 한다. 퇴근하고 있으면 문자가 들어오곤 했다고 한다.

"내일부터 나오지 마시오."

유명했던 문자해고다. 파견직 노동자들은 사람도 아니어서 뚱뚱하다고 해고시키고, 작업대에서 잡담을 했다고 해고시켰다고 한다.

　더 큰 문제는 구로공단 전체 노동자의 97퍼센트가 이런 비정규직 노동자들로 채워지고 있다는 것이었다. 구로공단을 넘어 이런 비정규직 노동자들이 890만 명에 이르게 되었다는 것이다. 그래서 비정규직 노동자들의 투쟁은 더욱 어렵다. 어느 한 곳이라도 정규직화 요구를 받아들이고 나면 사회 이곳저곳에서 '나도 정규 인생'이라는 정규직화 요구가 봇물처럼 쏟아질 것이기 때문이다.

　모두 잠들어 있는 연휴 새벽, 어디에선가 여성노동자 몇이 배낭을 꾸려 죽음의 길일지도 모를 길을 나서고 있을 것이었다. 그간 얼마나 많은 이들이 그렇게 고공농성에 들어갔는지 모른다. 며칠 전에는 부평역 앞 CC카메라탑 위로 고공농성에 들어갔던 GM대우 비정규직 노동자들이 130여 일만에 땅 위로 내려오기도 했다. 한 번 올라가면 언제 내려올 수 있을지 모를 길이다. 2년여 전 올림픽대교 위로 올라갔던 건설일용노동자는 50일 만에 아무런 사회적 답도 받지 못한 채 기진해 내려와야 했다. 한강에 매달렸던 이들도 많다. 코스콤 노동자들처럼 230여 일째 거리에서 천막을 치고 사는 이들도 많다. 이랜드-뉴코아처럼 수백 일을 싸워야 하는 것은 언제부터인지 기본이 되어버렸다. 근로복지공단 내 비정규직으로 일하다 분신해 돌아가신 이용석 열사 이후 실제로 수많은 이들이 죽었다. 요구는 대부분 근로기준법 정도의 권리라도 지켜달라는 것이었다.

그렇게 목숨을 걸어야만 언론도 약간의 성의를 보여주었다. 사회단체들도 조금은 관심과 연대를 보내주었다. 하지만 끄떡없는 것은 사주들과 정부였다.

새벽 6시 50분, 두 대의 차에서 여성 네 명이 후다닥 내렸다. 등산이라도 가는 사람들처럼 보였다. 하이 서울 페스티벌 행사를 위해 시청 앞 잔디광장에 세워진 25미터 조명탑 앞이었다.

머뭇거릴 틈도 없이 그들이 탑을 오르기 시작했다. 남자들도 손과 발이 후들거릴 높이였다. 공포감이 가장 많이 느껴지는 높이라고도 했다. 맨 꼭대기엔 앉아 있을 공간도 없이 사각 지지철대만 가로질러져 있는 곳이었다. 그곳에 언제까지 앉아 있어야 할지 모를 곳이었다. 나는 그들이 무슨 성자들처럼 보였다. 모두가 잠든 새벽에 가파른 시대의 절벽을 오르는 외로운 고행자들처럼 보였다. 어떤 여성은 그나마 잘 올라갔지만 어떤 여성은 멀리서 보아도 위태롭고 힘겨운 모습이었다. 다행히 성공이었다. 그것을 성공했다고 표현해야 하는지 참 가슴이 먹먹하다. 구속을 각오하고 죽음을 무릅쓰고 짐승들도 오르지 않을 철탑을 기어오른 비정규직 여성노동자들의 눈물과 한숨과 억울함과 분노와 투쟁을 성공했다고 표현해야 하는지 참 부끄럽다.

양 탑 아래로 네 개의 펼침막이 펼쳐졌다. '일터의 광우병. 비정규직 철폐하라'라고 적혀 있었다. 그래도 아직 누구 하나 쫓아오는 사람들이 없었다. 바로 옆으로 지나가는 시민들조차도 무슨 일이 일어나고 있는

지 알지 못했고 관심이 없었다. 그러고 보니 서울 사람들은 하루 종일 걸어 다녀도 하늘을 쳐다보지 않는다. 땅 위의 일들에 바빠서 그런가 보다. 코앞의 일들에 지쳐서 그런가 보다.

맨 먼저 달려온 이들은 아니나 다를까 용역들이었다. 용역깡패들이었다. 하이 서울 페스티벌 행사를 지키는 이들까지 용역깡패들일 줄은 정말 몰랐다. 그들 역시 무슨 죄가 있을까마는 인성이 파괴된 건장한 떡배들을 고용해 지키는 하이 서울 페스티벌 행사가 무슨 의미인지 잘 모르겠다. 물론 이들에게도 참다운 삶을 되찾을 기회가 주어져야겠지만 이런 방식은 아니라는 생각이 들었다. 관공서에서도 자주 이런 경비용역업체를 이용해 자신을 지키거나 사업을 진행한다. 이렇게 고용된 용역깡패들이 수많은 삶의 현장에서 공무수행이라는 이름으로 평민들을 짓밟는다. 위로 가나 아래로 가나 깡패 막가파 공화국이다.

상식이 통하지 않는 사회였다. 최소한 양보하더라도 죄의 유무는 법정에 가서 다투어진다는 것이 법치사회의 기본 윤리다. 그전까지는 누구의 인권도 함부로 다루어서는 안 된다. 설령 죄인이라 하더라도 법정에서 결정된 죄의 대가 외에는 어떤 기본적인 인권침해도 있어서는 안 되는 것이 그나마 우리가 아는 법치사회의 윤리다. 그 윤리를 앞장서 지켜야 하는 경찰이 맨 앞에서 법을 어겼다. 우리는 이미 범법자로 취급받았다. 경찰들의 눈엔 그런 기본 인권을 지키기 위해 나와 있는 사회단체 성원들도 덩달아 범법자고 공범이었다. 때려잡아야 할 악충들이었다.

시간이 갈수록 사람들이 늘어나기 시작했다. 맨 먼저 달려온 사람들은 늘 차별과 소외가 있는 곳에서 함께해온 헌신적인 사회단체 사람들과 고통받는 노동자들이었다. 이랜드-뉴코아 여성노동자들, 코스콤 비정규직들, 며칠 전 고공농성을 마친 GM대우 비정규직들, 재능교육 비정규직 여성노동자들, 전국해고노동자투쟁위원회 회원들, 그리고 시청 앞에서 성람재단 비리 해결을 위해 끈질기게 천막농성을 벌이고 있는 장애우들 등 우리 사회 가장 밑바닥에서 자신의 권리를 넘어 전체 차별받는 이들의 권익을 위해 싸우고 있는 이들이었다.

경찰 병력들도 시간이 갈수록 늘어나기 시작했다. 조명탑 너머 잔디광장에도 인파들이 넘쳐나기 시작했다. 890만 비정규직들의 설움을 알리기 위해 여성노동자들이 20미터 고공에서 목숨을 걸고 점거농성을 하고 있어도 하이 서울 페스티벌의 노랫소리는 높아만 갔다. '오세훈 서울시장은 비정규직 문제 해결에 나서라'는 노동자들의 목숨을 건 고공농성이 펼쳐지는 현장에서 아무런 일도 없는 듯 흥겨운 노래를 트는 서울시청이 도대체 누구를 위한 시청인지 묻지 않을 수 없었다. 결국 무대장치만 40억 원짜리라는 페스티벌 음향에 묻혀 고공에서 노동자들이 외치는 소리는 들리지 않았다. 그 소리에 현혹되어 도통 조명탑 쪽을 바라보지 않는 사람들이 밉기도 했지만, 그들을 나무랄 수도 없는 노릇이었다. 누구든 나 하나의 삶조차도 힘겨운 세상이 우리 사회이기 때문이었다.

본격적인 하이 서울 페스티벌 폐막식 행사를 준비하고 있는 서울시와 조급해진 경찰들이 예상외로 협상안 마련에 적극적이었다. 중간에 청와대까지 얘기가 전달되었고, 대통령이 빨리 정리(?)시키라고 했다는 얘기를 흘려들었다. 서울경찰청장이 현장에 나와 있다는 얘기가 들렸고, 진압 예정 시간은 오후 3시가 마지노선이라고 했다. 거의 협박이었다. 저녁엔 대규모 광우병 소 수입 반대 촛불행사가 청계천에서 열릴 예정이라 경찰과 정부 역시 압박을 받고 있는 듯했다.

다행히 언론들도 관심을 표명해 현장엔 KBS, MBC, SBS, YTN 방송 카메라가 상시 대기 중이었다. 들리는 얘기로는 라디오에서도 시간대별로 점거 현장 이야기를 내보내고 있다고 했다. 이명박 정부 들어 첫 점거농성이었다. 그것도 서울 한복판 서울시청 앞에서, 서울시가 주최하는 하이 서울 페스티벌 폐막식 하이라이트 공연을 앞둔 행사장 조명탑에서 이루어진 일이었다. 어려운 순간들이었고 긴장된 순간들이었다. 진압이 들어온다면 조명탑에 오른 이들은 말할 것도 없고 연대를 위해 달려온 우리 모두가 연행될 판이었다.

물론 우리는 연행을 두려워하지 않았다. 현 정부는 어떤 불법집회도 허용치 않겠다고 정권 초기부터 엄포를 놓고 있는 정부다. 근로기준법이 노동자들을 너무 과보호하고 있다고 망발을 일삼는 이를 노동부장관으로 앉혀놓은 정부다. 초등학생 때부터 우열반과 열등반을 나눠 차별을 사회화하자는 정부다. 초등학생 때부터 초과 근로를 생활화하기 위해 0교시 수업, 날새기 수업을 시키자는 정신 나간 정부다. 30개월 미만이든 이상이든 광우병 소를 수입해 제 나라 국민들에게 먹이고, 대신 미국 정부의 지지나 받자는 얼빠진 정부다. 앞장서서 재벌들과 일부 부유층의 배타적 프렌들리가 되겠다고 호언하는 반민중적 정부다. 이득을 떠나 모든 생명의 강을 파헤쳐 운하사업을 벌이겠다는 천박한 정부다. 무서운 정부다. 어디로 어떻게 튈지 예상할 수 없는 신자유주의 정신병에 걸린 정부다. 우리 몇쯤 가두는 것은 꿈쩍도 않을 정부다.

  기륭전자 여성노동자들은 당당했고, 사회적 연대를 위해 달려온 이들 역시 투철했다. 기세에 밀린 정부 쪽에서 협상안을 마련해왔다. 서울노동청장이 직접 현장에 나와 사인을 했다. 서울시 국장이 배석하고, 외국에 나가 있는 기륭전자 배영훈 사장을 대신해 총무이사가 나와 성실교섭에 나설 것을 확인하고 사인했다.

  나름대로 쾌거였다. 비정규직 노동자들의 싸움은 이렇게 처절하다. 근로기준법에 명시된 교섭 한 번을 따내는데도 이렇게 목숨을 걸어야 한다. 전국의 투쟁하는 노동자들 대부분이 이렇다. 사이비 언론들은 가끔 노동자들의 불법시위나 행동을 대문짝만 하게 보도하면서도 일상 속에서 하루에도 수천만 건씩 자행되고 있는 사주들의 부당노동행위는 당연하게 받아들인다. 이렇게 참담하게 노동자들이 싸우고 나서야 단 몇 가지 사주들의 부당노동행위가 사회적으로 드러난다. 기실 자본주의는 불법을 먹지 않고서는 한시도 설 수 없는 광우병 걸린 소다. 광우병 걸린 소고기를 일상적으로 사람들에게 강제로 먹이는 불량 사회다.

모두들 씁쓸하긴 했지만 정부의 중재안을 받기로 했다. 노동자들은 이렇게 착하다. 교섭에 응하겠다는 약속 하나에 선뜻 다시 소통의 마음을 내놓는다. 늘 그렇다. 그렇게 농성을 풀고 나서 뒤통수 맞는 경우가 태반이지만, 다시 바보같이 약속을 믿어준다.

약속을 받기로 한 뒤에도 한차례 소동이 있었다. 기륭전자 여성노동자들의 요구는 단순했다. 고공농성에서 내려온 노동자들을 맞이하는 시간을 5분만 달라는 것이었다. 너무도 인간적인 요구다. 무슨 흉악범들이라도 연행되기 전 마지막 순간엔 들어줄 만한 요구다. 하지만 경찰들은 막무가내였다. 현행범이어서 바로 연행해야 한다는 것이었다.

얼마 전 머리를 빡빡 민 서른아홉 김소연 분회장이 다시 마이크를 잡고 절규했다.

"천 일 동안 수많은 약속들을 했지만 지켜지지 않았습니다. 다시 종이짝 한 장을 쥐어주고 우리에게 믿으라 합니다. 하지만 다시 믿겠다는 우리에게 정부는 최소한 신뢰를 위한 시간마저도 허락하지 않겠다고 합니다. 차라리 우리는 연행당하겠습니다. 차라리 우리를 진압하십시오. 비정규직 여성노동자들의 현실이 어떠한지 똑똑히 증명하겠습니다. 차라리 이깟 종이짝 찢어버리겠습니다."

정말 오래간만에 듣는 감동의 연설이었다. 사람의 목소리였다. 자신이 울지 않고서는 나올 수 없는 소리였다. 차라리 우리를 탄압하라는 절규! 아, 저런 게 해방의 소리들인데! 가슴이 떨렸다. 내 눈에도 눈물이 솟았다.

하지만 경찰들은 사람도 아니었다. 김소연 분회장 말이 끝나자마자 바로 연좌해 있던 이들을 강제 연행하기 시작했다. 어떤 사전 경고방송도, 무슨 죄라는 말도 없었다. 조금 전까지 협상하자던 양의 얼굴이 순식간에 공포스런 늑대 얼굴로 바뀌었다. 간신히 막아내고 다시 협상이 시작되었다. 다시 타협안이 나왔다. 분회장이 탑에 올라가 사람들의 상태를 확인한 후 병원으로 후송해 충분한 안정을 취한 다음 경찰 조사에 응한다는 것이었다. 모두 아쉬워했지만 후일을 위해 마음들을 낮추었다.

그다음엔 조명탑 위에 오른 네 명의 여성노동자들이 눈물을 흘리며 내려가지 않겠다고 했다고 한다. 차라리 이곳에서 진압당하겠다고 했다고 한다. 서로 울며 내려왔다고 한다. 소방차 사다리를 타고 내려오던 그들이 "비정규직 철폐하여 사람답게 살아보자"라고 외치며 울먹이는 게 보였다. 아, 가슴 쓰린 하루였다.

모든 집회가 끝이 나니 오후 4시. 그제야 남은 이들끼리 길거리에 둘러앉아 식은 밥을 나눠 먹었다. 모두 노숙자 꼴이었지만 오늘만큼은 부끄러움이 덜했다. 모두 말없이 밥을 먹었다.

다시 병원으로 이동해 인사를 나누고 구로동으로 먼저 돌아오는 길.

한강대교를 넘는데 열린 차창으로 시원한 강바람이 불어왔다. 64만 원 받던 비정규직 여성노동자들이 목숨을 걸고 싸운 하루가 그렇게 저물어 가고 있었다. 세상은 그렇게 또 평온하게 저물어가고 있었다.

나도 모르게 입에서 노랫가락 하나가 흘러나왔다. "긴 하루 지나고 언덕 저편에……" 하는 노래였다. "놀던 아이들도 모두 집으로 돌아가는데, 나는 왜 여기 서 있나……" 웬 설움이 복받쳤는지 입술을 꼭 깨물어야 했다.

참 힘겨운 하루였다. 하지만 억압받으며 숨죽이며 차별당하며 살아가는 비정규직 노동자 890만이 그렇게 살아가고 있을 것이다. 수많은 정의들이, 평화들이 또 그렇게 어디선가 끌려가고 짓밟혀갈 것이다.

우린 꼭 이렇게 살아가야만 할까?

우린 꼭 이렇게 살아야만 할까?

사랑만으로 살아갈 수 있는 세상, 생의 환희를 맘껏 만끽하면서도 서로에게 누가 되지 않을 그런 평등하고 평화로운 세상을 꿈꾼다.

시대의 망루, 용산

삶의 망루에 서서

철거민들이 죽었다. 하루아침에 빼앗긴 주소지를 들고 평지에서는 오갈 곳이 없어 하늘로 망루를 쌓고 올라갔다가 아예 저 하늘로 밀려 올라갔다. 그렇다. 이 땅에서 평범한 사람들은, 가진 게 없는 자들은 어차피 이방인들일 뿐이었다. 민들레 씨앗처럼 조그만 짐보따리들을 이고 지고 평생을 떠돌다 끝내 정주하지 못하고 떠나가야 하는 사람들이다. 그렇게 이 지구에 잠시 세들어 사는 사람들. 어떤 시인처럼 이 세상에 잠시 소풍 왔다 가는 거라고 생각하면 그나마 마음이라도 편할까.

철거는 단지 집을, 가게를 빼앗는 것이 아니다. 철거는 모든 것을 빼앗는 것이다. 먼저 지푸라기라도 잡는 심정으로 삶의 기본적인 평화를 갈구했던 가난한 마음과 의지를 철거한다. 이 사회에 대한 믿음을 철거한다. 다음으로는 관계를 철거한다. 10년, 20년 가꾸어온 삶의 공동체, 이웃들과의 관계를, 세계와의 관계를 철거한다. 그것은 마치 물고기에게서 물을 빼앗는 것과 같은 잔인한 일이다. 나무를 흙에서 뽑아내 따로 살라는 말과 같다. 아이들에게서 친구를 빼앗는 것이며, 낯익고 친숙한 모든 풍경으로부터 소외를 경험하게 하는 것이다. 내용적으로 그것은 삶의 죽음이다.

그 대가로 얼마의 보상금을 주었다고 하지만 그런 유무형의 삶의 가치들은 전혀 고려 대상이 아니다. 그런 뼈아픈 배제 과정에서 생겨난 아픔과 절망들이 극한의 선택을 하게 만든다. 평생 경찰서 구경 한 번 안 해본 선량한 철거민들이 갑자기 투사가 되어 화염병을 만들어 망루로 오르는 것은 그런 절망감 때문이다. 개에게 쫓긴 선량한 닭들이 퇴화된 날개를 퍼덕이며 온갖 힘을 다해 지붕 위로 날아오르듯 그들은 험악한 용역깡패들을 피해 망루로 올랐을 뿐이다. 누구를 해하려는 게 아니라 누구라도 이렇게 외로운 내 이야기를 들어달라고 올랐을 뿐이다.

스무 살 무렵 시를 처음 배울 때 '아, 이 이야기야!' 하며 감탄했던 흑인 여류시인 '니키 지오바니(Nikii Giovanni)'의 시구를 잊지 못한다. 대략 이렇다. "나는 어떤 백인도 나에 대한 이야기를 대신 써주길 바라지 않는다. 그들은 나의 가난과 절망을 노래해줄 수 있을지 모르지만, 그 당시 내가 얼마나 행복했는지는 알지 못하기 때문이다." 흑인 공동체 공간인 할렘에서 살던 자신의 어린 시절에 대한 이야기였다.

도대체 누가 누구를 재개발해줄 수 있단 말인가. 도대체 누가 무엇을 보상해줄 수 있단 말인가. 50층짜리 매머드 복합상가가 들어선다고 한다. 현대판 재개발의 대부분은 이런 공동체의 무덤 위에 세워진 학살의 증표일 뿐이다. 생각해보라. 서부 개척시대에 미합중국 대통령이 인디언 추장에게 땅을 팔라고 했다 한다. 인디언 추장의 답장은 아름다웠다. "이 하늘과 땅과 자연은 우리의 것이 아닌데 어떻게 팔라 하냐"는 대답이었다.

이윤만이 목적인 기업과 정부는 우리의 모든 삶의 국면들을 분절해 상품화할 수 있다고 생각한다. 이런 오만은 정신병일 뿐이다. 어떤 살인자보다 더 파괴적이고, 집단적이며, 폭력적이고, 계획적인 타살 음모일 뿐이다. 용산 철거민들은 그런 우리 사회의 오만과 폭력에 의해 계획적으로 살해되었다.

그들은 쓰레기가 아니었다

이명박 정권은 겉으로는 합법적인 선거를 통해 집권한 민간정부다. 하지만 이 정부는 현재 '학살' 프로그램을 진행 중이다. 1987년 체제를 통해 구성된 형식적 민주주의를 야금야금 허물어뜨리고, 새로운 민간 파시즘 사회를 구성하려는 불온한 꿈에 젖어 있다. 그것은 비단 이명박 대통령 개인의 문제가 아니다. 경제공황, 자본주의의 위기하에서 벼랑

끝에 몰린 자본과 가진 자들의 자리를 유지하기 위한 마지막 발악이 전 세계적으로 진행되고 있다. 정권과 자본은 이 위기를 가지지 못한 자들에 대한 초과 약탈을 통해 넘어서고자 한다.

이 과정에서 철거민들이 몰살당했던 것이다. 그들의 죽음은 어쩌면 당연하다. 거리에서 밝혀든 작은 촛불 하나도 불법이 되어 체포당하는 사회에서 화염병을 들었으니 가당키나 한 얘기인가.

하지만 돌이켜 생각하면 그들이 밝혀든 불꽃은 정당하다. 그것은 최소 생존을 위한 호소의 불꽃이었다. 30여 년 전 전태일 열사가 밝혀든 등신불보다 훨씬 작고 여린 호소의 불꽃이었다. 자신의 몸까지를 태우지 못하고, 제발 나를 살게 해달라는, 나를 위협하지 말아달라는, 우리의 요구가 무엇인지를 단 한 번만이라도 진지하게 경청해달라는 마지막 애원의 불꽃이었다.

한편 그들은 위대한 연대의 불꽃이기도 했다. 다섯 분 중 세 분은 용산4가 철거민도 아니었다. 그들 역시 타 지역에서 철거민으로 살고 있거나 살아왔던 이들이다. 어떤 보상도 받을 수 없는 길이었다. 하지만 그들은 철거민이라는 동병상련의 아픔 속에서 연대의 마음을 키워왔다. 속이 텅 비어버린 갈대들이 서로를 의지해 세찬 바닷바람을 막고 서듯, 그들은 서로에 대한 애틋한 마음을 모아 간신히 이 사회를 버텨가는 약자들이었다. 그 마음으로 약 40여 명의 철거민들이 구속을 결의하고, 죽음을 각오하면서 함께했다.

나는 요 근래 이만한 연대의 정신을 본 적이 없다. 사랑과 헌신의 정신을 본 적이 없다. 내가 아닌 너를 위하여, 우리를 위하여 자신을 내던진 이들을 좀체 보지 못했다.

돌아가신 분들은 그냥 동정받아야만 하는 비천한 철거민들이 아니었다. 보상이나 바라는 천덕꾸러기들이 아니었다. 순박하기만 한 바보들이 아니었다. 그들은 연대가 무엇인지를, 낮은 곳에서의 희생과 헌신이 어떤 것인가를 몸소 실천하고 간, 이 시대에서 사라져가고 있는 위대한 인간 정신들을 구현하고 간 참다운 사람들이었다. 우리 모두가 옷깃을 여미고 고마워해야 하는 사람들이었다.

하지만 정부는 그들을 가리켜 폭력집단, 브로커라 하며 두 번 세 번 연거푸 죽이고 있다. 탁! 치니 억! 하고 죽었다더니, 아들이 칠순 아버지를 방화해 죽였다고 한다. 경찰특공대들에게 쫓겨 4층 망루에 갇힌 채 아래층 신나 더미에 불을 붙여 자살했다고 한다.

다시 참 쓸쓸한 겨울 공화국이다. 언론의 입에 재갈이 물리고, 사람들의 양심은 얼어붙고, 광장은 봉쇄당하고 있다. 가난한 사람들은 더욱 보수화되고, 가진 자들은 더욱 인면수심의 짐승이 되어가고 있다. 사회가 닫혀가고 있다.

하지만 더 가슴 아픈 것이 있다. 그것은 다름 아닌 내 마음이다. 희망과 용기로부터 점점 멀어지는 내 마음이다. 실의와 절망과 패배감과 냉소로 닫혀가는 어둔 내 마음이 이 시대가 아픈 것보다 더 아프다.

끝나지 않는 질문

작전은 신속했다. 용산의 망루가 민중들의 거점으로 자리 잡기 전에 타격하라는 지시가 떨어졌다. 용산의 망루는 서울 전역 약 500여 군데의 뉴타운, 재개발, 재건축 지역 원주민들에게는 저항과 투쟁의 봉화 역할을 할 게 뻔한 마당이었다. 일반인들은 모르고 있지만 그간 투기 건설자본들과의 싸움에서 80여 회의 망루 투쟁이 있었고, 수백 번, 수천 번의 지상전이 있었다. 망루 투쟁은 건설자본들의 투기를 위해 까닭 없이 쫓겨나야 했던 원주민, 철거민들에게는 최후의 보루였다.

법에 호소하고, 관에 호소하고, 자본에 호소하지만 그 무엇도 해결되지 않는다. 오히려 돌아온 것은 현대판 사제 용병인 용역깡패들의 무소불위의 폭력과 공권력의 편파적인 탄압뿐이었다. 그들은 눈물을 머금고, 정말 살기 위해 목숨을 담보로 마지막 길에 올라갔다. 올라가고 싶어서 올라간 것이 아니라 쫓기고 쫓겨서 올라간 것이다. 그간 수많은 싸움들이 있었기에 서로에겐 넘지 말아야 할 최소한의 불문율이 있었다. 그런 처절한 망루는 함부로 진압하지 않는다는, 진압할 수 없다는 불문율이었다. 그래서 망루 투쟁은 시작되면 최소 2개월에서 연 단위를 넘어가기도 했다. 그간 망루 투쟁 진압 과정에서 몇 사람이 죽어나가기도 했기 때문에 서로 조심을 하는 것이었다.

하지만 용산에서 이 불문율은 공권력에 의해 일방적으로 깨졌다. 무슨 까닭인지 공권력은 첫날부터 특공대를 투입해 계획된 진압에 나섰다. 그 말은 누군가 죽어나가도 괜찮다는 이야기였다. 500군데에 달하는 건설 투기사업을 진행하는 데 가장 눈엣가시는 전국철거민연합이었다. 용산4가에서 전면전이 준비되고 있었던 것이다. 순진한 철거민들은 몰랐고, 저들은 스스로의 계획을 잘 알고 있었다.

용산만 해도 무려 24조 원의 자본이 투여되고, 4조 원에 이르는 순이익이 생겨나는 현장이었다. 서울 전역 500군데라면 도대체 쫓겨나는 사람은 얼마이며, 그 대가로 투기 건설 자본들과 소수 땅투기꾼 지주들과 이를 비호하는 권력층들이 나눠 갖게 되는 수탈액은 얼마나 되는 것일까. 정부의 현재 논리대로라면 사인들 간의 분쟁에 국가 공권력은 어떻게 그렇게 신속하게 편파적으로 폭압적으로 개입할 수 있었을까. 왜 중재에 대한 단 한 차례의 노력도 없었을까.

이러한 질문들에 대한 증명 책임은 기실 희생당한 철거민들에게 있지 않고 공권력을 행사한 정부에게 있다. 정부의 대답은 단 하나 화염병이 한두 개 인도로 던져졌다는 것이었다. 화염병이 던져진 원인이 사제 폭력집단인 용역깡패들이 아무런 법적 지위도 없이 망루의 철거민들을 위협하고 테러하려 했기 때문이라는 사실은 정작 중요하지 않다. 현장의 경찰이 오히려 용역깡패들의 불법 폭력 행위를 저지했더라면 아무 일 없었을 것이라는 공권력의 방조 혐의도 중요하지 않다. 때론 양심을 지키려는 학생들과 노동자들이 던진 헤아릴 수조차 없는 화염

병의 불꽃 속에서 그나마 이 사회의 민주주의를 지켜왔다는 역사의식도 그들에겐 중요하지 않다. 자신들은 윗선에서 정리한 도심 테러리스트 몇을 사살했을 뿐이라는 것이다. 학살이 아닌 무공이라는 것이다. 그것이 누구를 위한 무공이었는가는 중요하지 않다.

그러나 조금만 우리가 제정신을 차리고자 한다면 진정한 도심 테러리스트들이 누구인지는 분명하다. 오늘도 서울 전역 수백 군데에서 멀쩡한 삶의 공동체들을 자신들만의 이윤 추구를 위해 폭압적으로 밀어내고 있는 자본과 이를 비호하는 정권이 이 시대 최대의 도심 테러리스트들이 아니면 무엇인가. 더 이상 정상적인 생산을 통한 이윤 획득이 힘들자 노동 과정에서의 초과 임금 착취를 목적으로 890만의 정상인들을 비정규직으로 내몰고 있는 그들이 도심 테러리스트들인 것이다. 전기, 통신, 수도, 가스, 언론방송 등 모두의 것이어야 할 사회적 공공자산들을 민영화란 명목으로 자본에게 헐값에 팔아넘기고 있는 사유화 세력들이 진정한 이 시대의 테러리스트들인 것이다.

용산 문제가 쉽게 해결되지 않는 것은 이런 사실들을 그들 스스로가 인정할 수 없기 때문이다. 그 수많은 재개발, 재건축, 뉴타운 사업이 사실은 평범한 공동체 성원들 누구에게도, 또 이 사회에도 백해무익한 자본 놀음, 투기 놀음이라는 사실을 인정할 수 없기 때문이다. 그런 투기적 약탈적 방식 외엔 이제 자신들의 목숨을 부지할 어떤 힘도, 어떤 생산적인 역할도 가지고 있지 않다는 것을 인정할 수 없기 때문이다. 용산에서 밀리면, 비정규직 문제에서 밀리고, 쌍용에서 밀리고, 미디어법에서 밀린다는 것을 알고 있기 때문이다. 용산에서의 잘못을 인정하고 나면 제2의 용산, 제3의 용산을 쉽게 만들 수 없으리라는 그들 나름의 저항과 계산이 첨예하게 맞서고 있는 것이다. 우리의 무능도 있지만 사실은 그들의 축적의 위기가 오히려 용산 문제 해결의 실마리를 못 찾도록 만들고 있는 것이다.

그렇다면 우리는 무엇을 요구해야 하는가. 우리도 저들처럼 기술적으로 대응해 몇 가지의 현실적인 요구를 내걸어야 하는가. 진정성은 묻지 않겠으니 립서비스 차원에서라도 사과하라고, 적어도 용산4가에서만큼은 임대상가를 보장해달라고, 반생태적인 토건 사업들의 기본 축은 인정할 테니 최소한의 절차와 양심의 포즈 정도는 가져달라고, 이를 법률적으로 명문화해달라고만 요구하면 되는가. 용산 학살의 원인인 자본의 문제는 덮어두고, 그 수족이었던 공권력의 도의적 사과만을 요구하면 끝나는가. 적당히 봉합하고 넘어가면 되는가.

아직 끝나지 않은 용산 항쟁을 통해 우리는 우리 스스로에게도 자문해보아야 한다. 언제까지 이런 도심 테러리스트들, 시대와 사회를 대상으로 전면전에 나선 이 잔인한 테러리스트들의 존재를 용인해야 하는가. 언제까지 죽은 법치의 말에 저항의 말들, 새로운 상상력의 말들을 인질로 잡혀둘 것인가. 합법의 울타리가 사실은 굴종을 강요하는 협박의 울타리임을 알면서도 왜 우린 그 울타리를 넘어서지 못하는가. 왜 알면서도 행동으로 나서지 않는가. 왜 우리는 용산을 적당히 애써 외면하고 있는가. 왜 그 수많은 제2의 용산, 제3의 용산을 외면하고 있는가. 왜 이 시대는 더 이상 회생 불가능한 죽은 사회라고 확정하지 못하는가. 퇴출당하고 쫓겨나야 하는 것은 힘없는 철거민들이나 불쌍한 정규직이나 비정규직이 아니라 역사적 한계에 도달한 저 자본의 운동이라고 말하면 안 되는가. 현재의 위기는 우리의 위기가 아니라 저들 자본의 위기라고 분명히 규정할 수는 없는가. 민주주의의 한 시대가 저물고 더 극악한 생존경쟁의 세계가 다가오고 있는 것이 아니라, 역사적 자본주의가 그 생명을 다하고, 더 평화롭고 평등하며 자연과 더불어 조화로운 새 세계가 다가오고 있다고 믿을 순 없는가. 투기 자본의 세계화가 아닌 평등·평화의 세계화가 필요하다고, 그런 복된 세계화를 위해 우리 연대하자고 우리의 손을 맞잡으면 안 되는가. 왜 과거를 향해서도 눈을 닫고 미래를 향해서도 귀를 닫는가.

  용산은 오늘도 싸우고 있다. 수많은 용산들이 도처에서 싸우고 있다. 전 세계에서 싸우고 있다.

내일로 가는 닥트공

최경주, 그를 만난 지도 벌써 10여 년이 지났다. 글을 쓰는 건설일용노동자들이 있다는 얘기를 처음 들은 건, 노동자문학회 활동을 함께했던 '오 여사'를 통해서였다. 오 여사도 참 별난 사람이었다. 말수도 없고 늘 부끄러움을 타는 듯 조용조용했지만 지금 생각하면 삶의 강단이 굳은 사람이었다. 고려대학교 국문과를 나온 그는 학생운동을 거쳐 노동운동에 뜻을 두고 현장으로 왔다가 조적공 이씨를 만났다. 제주도에 살던 그의 부모는 가당찮은 결합이라고 10여 년 동안 딸자식을 잃어버린 자식 취급했지만 그는 흔들림이 없었다.

그 오 여사를 통해 나는 처음 목수 황씨와 닥트공 최씨를 만났다. 나와 비슷한 또래의 그들은 서울건설일용노조에서 '글 쓰는 일꾼'이라는 소모임을 하고 있었다. 글을 쓰는 목수와 닥트공이라니. 그게 노동자문학을 하고자 했던 우리의 꿈이기도 했지만, 왠지 그들이 낯설었다. 망치와 방망이(닥트의 주 연장)를 들던 우악스런 손에 들린 작은 볼펜은 잘 상상이 되지 않았다. 예상대로 그들의 글은 투박했지만, 대신 삶의 구체적인 일상이 잘 드러나 있었다.

　세월이 흘러 조적공 이씨와 목수 황씨네는 끝내 도회지 일용공 생활을 견디지 못하고 귀농을 택했다. 그들은 횡성 어느 산골에 자리를 잡았다. 가끔 이름 모를 풀 한 포기마저 소중히 여기며 살아간다는 그 부부들 소식을 접할 때면 부럽기도 했지만 가슴이 먹먹했다. 한때 혁명을 꿈꾸었으나 이젠 꽃도 십자가도 이름도 명예도 없이 조용히 살아가는 그들의 낮은 삶이 눈시울을 적셨다. 물론 우리의 젊은 날이 무엇을 얻고자 했던 것은 아니었지만 세상은 별반 달라지지 않았는데 우리는 너무 가난하게만 살아간다는 것이 가끔 억울하고 서글펐다.

　서울에 혼자 남은 닥트공 최씨와 나는 간간이 연락을 주고받았다. 그라도 끝내 글을 써주면 좋겠다는 생각에 잊을 만하면 그에게 글을 부탁했다. 그가 아니면 쓸 수 없는 이야기들이 있다는 생각이었다. 생각해보면 그것은 닥트공 최씨를 위하는 일이기보다 나를 다독이는 일이었다. 한때 그 많던, 노동자문학을 하자 했던 벗들은 모두 어디에서 무엇을 하고 있을까. 그렇게 외로울 때마다 닥트공 최씨가 든든히 버티며, 그래도 내가 아직 있잖아 하며, 그 선한 눈빛으로 나를 다독여주었다.

　물론 우리는 글을 논하는 자리에서 만나기보다 싸움의 현장에서 더 자주 보았다. 노동자집회에서나 국회 앞에서나 광화문 군중집회에서 짧은 눈인사를 하며 근 10여 년을 만나왔다.

　기대했던 대로 닥트공 최씨는 그간 어떤 문학인들도 하지 못했던 홀

류한 일을 해두었다. 그것은 황석영의 『객지』가 변두리노동자를 다루며 이룬 근대문학적 성과와 비길 바 없이 그 자체로 소중한 것이었다.

1970년대 이후 노동자들의 삶을 다룬 글이 많이 나왔지만, 사실 건설일용노동자들 이야기를 다룬 글은 앞서 얘기한 황석영의 『객지』 외에 거의 생산이 되지 않았다. 유일하다면 지금도 철근노동자로 살아가는 김해화, 김기홍 시인의 글들이 전부였다. 하지만 시라는 형식상 좀 더 구체적인 건설일용노동자들의 삶은 잘 엿볼 수 없었다.

마음은 있되 전문 문학인이 아닌 건설일용노동자가 글을 쓴다는 것은 쉽지 않은 일이다. 초인을 요구하는 살인적인 노동, 근로기준법의 사각지대에 어울리는 장시간 노동, 하청에 재하청을 타고 내려오며 뜯겨진 쥐꼬리 임금, 일거리를 쫓아 전국팔도를 떠돌아야 하는 작업의 성격은 건설일용노동자들에게서 여유와 문화를 빼앗아간다. 학생들에게 찾아오는 방학처럼 1년에도 몇 번씩 쉬어야 하는 대마치 기간(일이 끊겨 쉬어야 하는 시간)이 있긴 하다. 하지만 그 기간이 오히려 건설일용노동자들에게는 고통스러운 시간이다. 눈앞에 닥친 생계의 위협과 미래에 대한 불안으로 초침 돌아가는 소리가 다 들린다. 삶은 늘 도망치고 싶은 저주의 대지로만 여겨진다. 한시라도 미래에 대한 공포를 잊고 싶은 치욕과 모멸의 시간이다. 그런데 그런 삶을 스스로 기록해내야 한다니. 써봤자 온갖 삶의 비루함으로 가득 찬 글일 것이다.

하지만 최경주는 끈덕지게 자신과 자신을 둘러싼 사람들의 이야기를 숨김없이 써냈다. 오히려 당당하게 썼다. 너무도 생생하게 자신에 대해 주변에 대해 썼다. 담담한 그의 글 속에서 현장은 기운차게 돌아가는 생산의 대지로 다시 태어난다. 그의 글 속에서 사람들은 추문이 되어버린 도덕에 휩쓸리지 않고, 오히려 간교한 생활의 법에 충실하다. 그 충실함이 오히려 우리에게 생동하는 인간의 질감을 느끼게 해준다. 더 큰 미덕은 그는 사람들을 '비정규직 노동자들'이라는 식으로 뭉뚱그려 집단과 수량으로 그리지 않는다는 것이다. 그의 글 속에 나오는 사람들은 한 명 한 명이 자신의 삶의 질량을 각별하게 지닌 사람들로 되살아난다. 어디에서도 볼 수 없는 '웅장한 행위예술'을 구사하는 중장비 운전수가 나오고, 철거촌에서 스피커를 주워다 연결시켜 음악 삼매경에 빠져드는 문화노동자들이 나온다. 살인혐의자로 몰려 잡혔다가 다섯 번씩이나 탈출에 성공하는 빠삐용 소년이 어떻게 노동자가 되는지가 사실적으로 그려져 있다. 일용공 생활을 탈출하고 싶어 차량을 개조해 불법비디오 장사를 다니는 허씨의 뿌리 잃은 삶의 내력이 아프게, 하지만 재밌게 다가온다. 일상화된 임금체불이 어떤 의미인지 잠 못 드는 밤을 아프게 그리고, 죽을 뻔한 그의 경험을 통해 산재가 어떤 것인지를 설득력 있게 표현한다. 그는 '진짜 노동자'들이 진짜 어떻게 살고, 생각하는지를 청계천 벼룩시장처럼 아기자기하게 그린다. 만물상이 따로 없다. 얼치기 지식인들이 쓰는 동정 어린 시선도, 교조적이고 형해화된 사회과학적 인식도, 밥 한 그릇 먹여주지 않는 도덕관념도 끼어들 틈이 없다. 그는 지금 이곳에서 살아가는 사람들, 싱싱한 생명의 나무들을 가식 없이 냉정하게, 그렇지만 따뜻하게 그릴 뿐이다.

그런 최경주의 글을 읽으며 자꾸 나는 그를 전태일 열사와 연결 지었다. 만약 전태일 열사가 죽지 않고 살았다면 그와 비슷한 삶의 자리에 서 있지 않았을까. 전태일 열사가 청계천 평화시장에서 일할 때가 열다섯이었다. 최경주는 열일곱에 평화시장 시다가 되었다. 전태일 열사 역시 평화시장을 떠나 1년여 동안 건설 현장의 대모도로 일용노동자 생활을 겪었다. 최경주도 구두공장 시다를 거쳐 건설일용노동자가 되었다. 전태일 열사는 자신을 투사의 자리로 나아가게 했다. 최경주도 그렇게 살아왔다. 전태일 열사는 자신의 삶과 주변의 삶을 꼼꼼히 기록해 두었다. 최경주 역시 자신과 주변의 삶을 꼼꼼히 기록해왔다. 전태일 열사가 살아 있다면 아마도 두 사람은 필연적으로 만날 수밖에 없는 운명이 아니었을까.

그래서일까. 나는 그의 글이 자꾸 전태일 평전의 후속편으로 읽혀졌다. 전태일 평전이 평화시장 어린 노동자들의 평전이라면, 이란주의 『말해요, 찬드라』가 이주노동자들의 평전이라면, 최경주의 글은 비로소 세상의 볕을 쬐게 되는 건설일용노동자들의 평전이다. 사회민주화가 거의 완성된 양하고, 전태일 열사의 삶이 영화로 만들어진 지도 벌써 10여 년이 지났지만, 이제야 그들의 삶이 기록물 형태를 띠게 된 것이다. 그만큼 그들은 사회적으로 묻혀져 왔고 철저히 소외당해 왔다.

청계천 의류노동자들이 스스로 조직해 싸웠던 그 시절에서 30년이나 지난 지금에야 비로소 건설일용노동자들은 자신들의 조직된 목소리를 낼 수 있게 되었다.

그들이 바로 근래 포항 포스코 본사를 점거했던 그들이다. 비정규직이라는 말조차 존재하지 않던 시절부터 비정규직으로 살아왔던 그들이다. 정규직을 탓하며 비정규직 처우개선을 입바르게 얘기하는 참여정부 시대에 처음으로 자신들의 목소리를 집단적으로 냈다는 이유만으로 58명이 구속되고, 1,500명 전체가 사법처리 대상이 되고, 한 명의 동료가 공권력의 방패에 찍혀 목숨을 잃는 것을 이 뜨거운 땡볕 아래에서 겪어야 했던 비통한 이들이 그들이다. 『닥트공 최씨 이야기』의 후반부에는 그 힘겹고 감격스런 싸움의 현장이 소개되어 있다.

과거 노동자들의 벗을 자처했다가 이 나라의 대통령이 된 노무현은 건설일용노동자들이 최소한의 법적 대우를 받을 수 있게 되는 상황을 '혁명하자는 거냐'고 했다 한다. 단지 근로기준법의 적용이라도 받아 보면 좋겠다는 말이 '혁명'이라는 무서운 말로 등치될 만큼 그들을 바라보는 사회적 차별의 시선은 깊고도 오래되었다.

소개했듯이 그는 세칭 말하는 그런 '노돌이' 노가다였다. 평화시장 시다로 출발해서, 구두공장을 거쳐 건설 현장의 일용공이 되었다. 근 20년째 그는 한결같이 닥트공이다.

연탄 배달을 하기도 했던 그의 아버지 역시 건설일용노동자였다. 말년에 동네주택 공사 하나를 수주하고는 그 기쁨을 주체하지 못해 뇌혈관이 터져 죽은 소박한 노동자였다. 비 오는 날, 막걸리 한잔하고 얼큰해지면 동네 아저씨들과 함께 맨홀뚜껑을 들어 누가 더 멀리 나르나 내기를 하곤 했던, 세상에 가진 거라곤 몸뚱이밖에 없던 아버지. 아버지의 산소호흡기를 뗄 것인가, 말 것인가를 고민할 때 그들 가족이 가진 거라곤 전세금 700만 원이 전부였다. 그는 잔인한 큰아들이 되기를 결심하고, 아버지의 산소호흡기를 거둔다. 이젠 그가 그런 아버지가 되어 있다. 아버지를 따라 노동자가 되어 있다. 첫아이를 낳을 때 그가 가진 거라곤 보증금 600만 원에 월세 8만 원짜리 셋방이 다였다. 그래서 그는 제발 아이가 수술 없이 자연분만으로 태어날 수 있기를 기도했다. 셋째 아이를 낳기 전날은 압축렌탈기에 온몸이 끼어 압착사당할 뻔하다 살아 나왔다.

그러나 그는 글 속에서 그런 가난에 끌려다니지도 않고, 즉자적인 분노에 휩쓸리지도 않고, 불타는 적개심에 자신을 소진시키지도 않는다. 어떤 힘이 그것을 가능케 하는 것일까. 척박한 노동자의 현신을 개선하기 위해 일터와 일터 밖에서 노동운동가로 20여 년을 살아온 내공 탓일까. 아니다. 그 무엇도 아니다. 다만 그는 역사와 노동의 진실을 보았을 뿐이다.

사실 그와 그들이 진정한 이 세계의 일꾼들이며 주인이지 않는가. 그와 그의 동료들의 손을 거쳐 비로소 아파트가, 백화점이, 영화관이, 학교가, 교회가 세워진다. 그의 손을 거쳐 비로소 건물들이 숨을 쉰다. 그의 직종은 닥트다. 사람 몸으로 치자면 닥트는 건물의 몸에 폐혈관을 심는 일이다. 마이다스의 손은 따로 있지 않다. 최경주와 그들, 건설노동자들의 손이 바로 마이다스의 손이다.

   그들은 그 손으로 이 세상의 주거와 관련된 모든 건축물들을 세운다. 토공과 비계가 땅을 고르고 다져놓으면 4대마라는 목수, 철근, 공구리, 조적이 들어가 뼈대를 세운다. 뼈대에 생명과 살을 붙이는 것은 전기, 배관, 설비, 닥트, 덴죠, 방통 등이다. 뼈와 살이 선 골조에 미를 선사하는 것은 도배, 칠, 조명, 인테리어목공 등이다. 그래서 그들은 무슨 사회과학의 세례를 받지 않더라도 명백히 이 땅의 생산의 주인들이다. 수백, 수천의 집을 짓고도 하나도 소유하지 않는 이 땅의 예수며, 부처며, 선각자들이다.

   그들이 비천해서 그들의 권리를 찾지 못하는 게 아니다. 이 땅의 사회구조와 인식이 천박해서 그들의 권리가 드러나지 않을 뿐이다. 사회적 부는 실제로 그들이 땀 흘리는 노동을 통해서만 쌓인다. 자본은 그들의 노동의 엑기스를 응축시켜놓은 로얄제리일 뿐이다. 이것이 법이다. 실정법을 넘어서는 진실의 법이다. 이것이 지식이다. 사람들의 영혼에 혼탁한 먹구름으로나 기능하는 죽은 지식이 아니라 대지의 숨 가쁜 원동력이 어디에 있는지를 밝히는 생산적 지식이다. 모든 게 그들의 그림자다. 교육도, 언론도, 문예도 모두 노동이라는 숭고함을 떠나서는 헛구름이다.

　지금도 새벽이면 연장 가방과 작업복 가방을 하나씩 들고 길을 나서는 그들이 공부를 못하면 '저렇게' 되는 표상이 아니라, 어른 말 듣지 않으면 '저렇게' 되는 불량 표지판이 아니라 누구보다도 존중받는 세상이 올 때 비로소 우리는 민주주의의 진척을 이야기할 수 있지 않을까.

　최경주의 글을 앞에 두고 자연스레 꿈꾸는 세상이다. 오늘도 그가 닥트를 조립하며, 동료 일용공들을 조직하며 꿈꾸는 세상도 이와 같지 않을까.

　혹, 내일 포항에서 그를 만나게 되면 물어봐야 할 것 같다. 내일은 그와 같은 건설일용노동자로 살다 경찰 방패에 머리를 맞아 국가공권력에 의해 타살된 제관공 하중근 열사의 넋을 기리는 추모문화제가 있는 날이다. 아마도 다시 짱돌을 들거나 화염병을 들어야 할지도 모르는 날이다. 그런 우리를 세상은 또 과격하다 할지 모르겠지만.

　사람들아, 과격한 것은 즉자적 분노밖에 표출할 수밖에 없는 무지렁이 우리가 아니라, 너무도 계획적이고 치밀하게 우리의 노동을 착취하고 권리를 앗아가는 이 사회의 구조다. 없는 이들에겐 자살공화국이 되어도, 산재공화국이 되어도, 실업과 노숙자들의 공화국이 되어도 눈 하나 깜짝하지 않고 자신의 배와 권력만 챙겨가는 저 잔인한 참여왕국, 딴나라왕국, 삼성왕국, 현대왕국, 포스코왕국에 사는 사람들이다. 아무리 생각해도 우리가 아니다.

5부. CT85호와 희망버스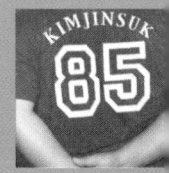

부산 영도 바닷가, 한진중공업 내 85호 크레인에는 한국근현대사 노동자 민중의 서러운 이야기가 담겨 있다. 소금꽃 노동자들과 그 가족들의 애틋한 소망과 우렁찬 함성의 소리가 담겨 있다. 인간의 존엄이 지켜져야 한다는 우리 모두의 희망이 서려 있다.

김진숙과 '85호 크레인'

이것은 소설이 아니다. 하지만 소설보다 더 소설적이다.

이 글을 써야겠다고 생각한 건 벌써 3개월 전이지만 나는 이 글을 쓸 수 없었다. 함부로 쓰기엔 너무도 비극적인 이야기였기 때문이다. 10여 일 전부터는 매일 글을 쓰려고 자리에 앉았지만 단 한 자도 쓸 수 없었다.

그런 중간에도 나는 다시 네 편의 추도시를 쓰고 읽어야 했다. 쌍용자동차 무급자인 임무창 씨의 추도시였고, 23년 전에 신흥정밀에서 분신한 박영진 열사의 추도시였다. 삼성전자에서 죽어간 반도체노동자 황유미 님과 마흔여섯 분의 추도시였고, 쌍용자동차 노동자 열네 분의 죽음을 추모하는 시였다.

그런데 마지막 네 번째 추도시를 읽어가던 도중 나는 참 희한한 경험을 하게 되었다. 어느 순간 나 아닌 누군가가 내 안으로 전이되어 나 대신 시를 읽으며 울고 있는 거였다. 나는 이상한 전율에 휩싸인 채 그이를 대신해 울부짖었다. 이 이야기의 주인공이 될 사람이었다. 비로소 나는 이 이야기를 쓸 수 있으리라 생각했다.

이 이야기는 1975년 이후 부산에 있는 한 조선소(대한조선공사, 현 한진중공업)를 둘러싸고 벌어진 어떤 사람들의 눈물겨운 이야기다. 아니 그 이전부터 그 조선소에서 일해왔던 사람들의 이야기다. 아니 이것은 우리 시대 어떤 난쟁이들의 서럽디서러운 현대사에 대한 이야기며, 당대를 살아가는 평범한 모든 이들의 운명과 관계된 이야기다.

이 이야기의 주인공은 다섯인데, 안타깝게도 넷은 죽고, 한 명만이 살아남았다. 살아남은 이는 지금 죽은 주인공 중 한 명이 목을 맸던 가파른 크레인 위에 올라 있다. 며칠 전 추도시를 읽을 때 내 안에서, 나 대신 함부로 내 글을 뺏어 읽던 이, 김진숙이다.

문상 다니는 시간이 잔업 다음으로 많은 공장

"아침 조회 시간에 나래비를 쭉 서 있으면 아저씨들 등짝에 하나같이 허연 소금꽃이 피어 있고, 그렇게 서 있는 그들이 소금꽃나무 같곤 했습니다. 그게 참 서러웠습니다. 내 뒤에 서 있는 누군가는 내 등짝에 피어난 소금꽃을 또 그렇게 보고 있었겠지요. 소금꽃을 피워내는 나무들. 황금이 주렁주렁 열리는 나무들. 그러나 그 나무들은 단 한 개의 황금도 차지할 수 없는……."

_『소금꽃나무』 중에서

용접슬래그에 얼굴이 움푹 패고, 눈알에 용접 불똥 맞아도 아프다 소리를 못 했던 공장이었다고 한다. 교도소 짬밥보다 못한 냄새나는 깡보리밥에 쥐똥이 섞여 나오는 도시락을 주면 공업용수에 말아 먹어야 하는 공장이었다고 한다. 한 달 잔업 128시간에 토요일 일요일도 없고 매일 저녁 8시까지 일하는 공장이었다고 한다. 용접 불똥 맞아 타들어간 작업복을 테이프로 덕지덕지 붙여 넝마처럼 기워 입고, 한겨울에도 찬물로 고양이 세수해가며, 쥐새끼가 버글거리던 생활관에서 쥐새끼들마냥 뒹굴며 살아야 하는 공장이었다고 한다. 언제 폭발할지도 모르는 탱크 안에서 벌레처럼 기어 다니며 용접을 하고, 절단을 하는 공장이었다고 한다. 한여름 감전사고로 혈관이 다 터져 죽어도, 비 오는 날 족장에서 미끄러져 라면발 같은 뇌수가 산산이 흩어져 죽어도, 바다에 빠져 통통 불어 죽어도 산재가 뭔지도 모르는 공장이었다고 한다. 한 해에도 수십 명의 노동자가 골반압착으로, 두부협착으로, 추락사고, 감전사고로 죽어가는 공장이었다고 한다. 그래서 다친 동료들 문병 다니고 죽은 동료들 문상 다니는 시간이 잔업 다음으로 많은 공장이었다고 한다. 그런데도 어용노조는 조합비를 횡령하기 위해 멀쩡하게 살아 있는 조합원들의 할머니, 할아버지, 더 나아가 자녀들까지 서류상으로 죽여 상조비를 갈취해가는 공장이었다고 한다.

이 절망의 조선소에 김진숙은 1982년 스물한 살 때 최초의 여성용접공으로 입사했다. 중학교를 졸업하고 집 나와 타이밍을 먹으며 옷감을

깁던 미싱공 생활보다는 나으리라 생각했다고 한다. 떨어질 때는 오른발을 먼저 디뎌야 바퀴 밑에 깔려 죽지 않는다는 122번 화진여객 시내버스 안내양보다는 나으리라 생각했다고 한다. 5년만 바짝 일하면 집도 사고 차도 사서 금의환향하리라 믿은 공장이었다고 한다.

그런 스물한 살 김진숙의 삶은 그 후 어떻게 되었나? 스물여섯에 해고되고, 대공분실 세 번 끌려갔다 오고, 징역 두 번 갔다 오고, 수배 생활 5년 하고, 부산 시내 경찰서 다 다녀보고, 청춘이 그렇게 흘러 쉰두 살의 머리 희끗한 해고 여성노동자가 되었다.

빼앗긴 박창수의 죽음

이 이야기의 또 다른 주인공인 박창수는 김진숙과 입사 동기였다. 강원도 태백에서 태어나 1982년 2월에 대한조선공사 훈련소(현 한진중공업 직업훈련소) 28기로 입소해 6개월 수료 기간을 거쳐 8월에 한진중공업 선각공사부에 입사했다.

세월이 흘러 1986년 어느 날, 박창수는 공장 정문 앞에서 경비들과 어용노조 간부들에게 짓밟히는 한 여성을 보았다. 얼마 전 근로조건 개선을 요구하는 유인물을 뿌리다 해고당한 김진숙이었다. 박창수 마음 한편에서도 분노의 압이 높아져가고 있었다. 자연스레 그들은 '민주노조'라는 한배를 타게 되었다. 밖에서 김진숙 등이 『조공노동자신문』을 만들면, 박창수는 이를 몰래 공장으로 들여와 뿌렸다.

  1987년 6월 항쟁이 열리던 7월 25일 그들은 공장에서 처음으로 들고일어났다. 그간 아무 소리 못 하고 받아먹던, 교도소 짬밥보다 못한 냄새나는 깡보리밥에 쥐똥이 섞여 나오던 도시락을 수천의 소금꽃나무들이 일제히 집어던진 감동의 순간이었다. 이들이 1987년 6월 항쟁에 이어, 진정한 한국 사회의 변혁을 이끌었던 1987년, 1988년 노동자 대투쟁의 주역들이었다.

  박창수는 이런 시대적 소명을 에둘러 가지 않았다. 1990년 조합원 93퍼센트의 압도적인 지지로 노동조합 위원장으로 당선된 후, 전국노동조합협의회 부산노련 부의장과 연대를 위한 대기업노조회의(대기업연대회의) 공동대표로 민주노조 운동의 최선봉에 섰다. 정권은 그를 가만두지 않았다. 1991년 2월 의정부 다락원 캠프에서 열린 대기업연대회의 수련회장에서 그는 급습한 경찰들에게 짓밟히며 끌려갔다.

  그 후는 잘 알려진 이야기다. 장안동 대공분실을 거쳐 서울구치소에 수감된 그는 그해 5월 4일, 의문의 부상을 입고 안양병원으로 이송되었다. 머리를 서른여덟 바늘이나 꿰매는 중상이었다. 진짜 사건은 그다음이다. 그는 5월 6일 새벽, 그를 찾아온 정보기관 사람들을 따라나섰다가 병원 뒷마당에서 변사체로 발견되었다. 1987년 6월 항쟁의 도화선이 되었던 박종철의 죽음만큼이나 큰 충격이었다. 당시 경찰은 전면 파업을 선언하고 올라온 조선소노동자들과 유가족과 사회단체, 학생들이 지키고 있던 병원 영안실 벽을 해머로 뚫고 들어와 박창수의 시신마저 빼앗아갔다. 있을 수 없는 일이었다. 경찰이 발표한 사인은 '단순 추락사'였다. 하루가 멀다 하고 사람들이 짓밟히고 끌려가는 63일간의 기나긴 투쟁이었지만 역부족이었다. 그해 6월 20일, 하늘이 무너지는 마음으로 김진숙은 그를 가슴에 묻었다. 이렇게 한 명의 친구가 갔다.

우리 시대의 의인, 김주익

이 이야기의 두 번째 슬픈 주인공은 김주익이다. 박창수가 잡혀가던 의정부 다락원 캠프 회의에도 참석했던 이다. 다행히 그는 당시 구속되지는 않았다.

살아남은 김주익은 박창수의 못 다한 삶까지 살아내려고 최선을 다했다. 경찰과 사측의 사주로 움직이는 어용들로부터 민주노조를 지켜내기 위해 모든 생을 바쳤다. 1994년 한국 최초의 선상파업인 LNG 선상파업을 주도했다가 구속되었지만, 석방 후 끈질긴 복직투쟁으로 다시 공장으로 돌아왔다. 수년간의 활동 끝에 그가 민주노조의 깃발을 다시 세우고 위원장이 된 것은 2000년 10월이었다. 그러자 정권과 한진중공업 사측의 파상적인 공격이 또다시 시작되었다. 사측은 노사합의를 일방적으로 깨고 희망퇴직, 명예퇴직, 정리해고를 단행해왔다. 이 과정에서 600여 명이 잘려나갔다.

김주익은 선택의 폭이 없었다. 당시 21년 동안 근무해서 그가 받는 월급은 기본급 108만 원이었다. 각종 공제를 떼고 나면 팔십 몇만 원이었다. 사측은 노조간부 110여 명에 대해 18억 원에 달하는 손배가압류를 걸었고, 김주익 등 14명을 고소·고발하고, 26명을 징계위원회에 회부했다. 회사가 어려워서도 아니었다. 2002년 한진중공업은 매출 1조 6천억 원에 당기순이익 239억 원을 내는 알짜 기업이었고, 사주는 해마다 50억에서 100억 원에 이르는 배당을 챙겨가고 있었다.

2003년 6월 11일, 김주익은 최후의 결단을 한다. 폭우가 쏟아지는 새벽, 혼자 100톤짜리 지브 크레인, 35미터 상공의 '85호 크레인'으로 올라갔다. '나의 무덤은 85호 크레인이다. 너희가 내 목숨을 달라고 하면 기꺼이 바치겠다'라는 절박한 호소였다. 하지만 그 결의를 아무도 믿어주지 않았다. 경찰은 공권력을 수시로 투입했고, 국민의 정부를 넘어 참여정부라는 정권 역시 '죽음이 투쟁의 수단이 되는 시대는 지났다'고 못 박았다. 힘을 받은 사측은 김주익이 목숨을 걸고 크레인에 올라 있는 동안에 단 한 번도 교섭에 나오지 않았다.

그는 벌써 준엽이와 혜민이와 준하, 그렇게 2남 1녀의 자녀를 둔 중년의 사내가 되어 있었다. 평소 책을 좋아해 시간이 조금만 있어도 손에서 책을 떼지 않던 이였다. 크레인에서 내려가면 아이들에게 '힐리스' 운동화를 사주겠다던 자상한 아빠였다. 천진난만한 아이들은 "크레인 위에 있는 아빠께. 아빠 그런데 내가 일자리 구해줄 테니까 그 일 그만하면 안 돼요? 그래야지 울 아빠도 운동회, 학예회 보잖아요! 다른 애들은 아빠 자랑도 하는데…… 내가 빨리 일자리 찾아줄게요! 파이팅!"이라고 편지를 적어 보냈다.

그는 이렇게 '힐리스' 운동화를 사주겠다는 아이들과의 약속과 탄압을 멈추지 않으면 죽어서 내려가겠다는 약속 사이에서 두 번째 약속을 택했다. 2003년 10월 17일, 85호 크레인에 오른 지 129일째. 그는 크레인 난간에 목을 맸다. 다음은 그가 남긴 짧은 유서의 끝 구절이다.

"나의 죽음의 형태가 어떠하든 간에 나의 주검이 있을 곳은 85호 크레인입니다. 이 투쟁이 승리할 때까지 나의 무덤은 크레인이 될 수밖에 없습니다. 나는 죽어서라도 투쟁의 광장을 지킬 것이며 조합원의 승리를 지킬 것입니다."

지키지 않아도 될 약속을, 지키지 말아야 할 약속을 그는 지키고야 말았다.

눈물의 장례식, 곽재규

이 이야기의 세 번째 아픈 주인공은 또 한 명의 늙은 노동자 곽재규다.

죽어서도 크레인 위에서 내려올 수 없었던 김주익을 마침내 평지로 내려오게 한 것은 박창수와 김주익보다 훨씬 먼저 조선소노동자가 된 곽재규였다. 그는 당시 정리해고 대상에서 제외된 일명 '산 자'였다. 그는 그것이 못내 미안해, 내가 주익이를 죽였다며, 김주익의 시신 없는 빈소를 아침마다 찾아와 무릎을 꿇고 눈물만 흘렸다고 한다.

누구들처럼 말은 잘하지 못하지만 곽재규는 김진숙과 박창수와 김주익이 앞장서 싸울 때 늘 함께했던 마음 따뜻한 선배였다. 1975년 중학교를 졸업하고 조선소노동자가 된 곽재규는 배움에 대한 한이 깊어 산업체 야간고등학교를 거쳐 야간전문대학까지 마친 부지런한 노동자였다. 용접이면 용접, 엔진 조립이면 조립, 조선소 업무 전체를 꿰뚫고 있었던 유능한 노동자이기도 했다. 법 없이도 살 수 있는 사람이었다.

김주익이 목숨을 끊고도 85호 크레인을 내려오지 못한 지 보름째. 곽재규는 85호 크레인 맞은편 도크 위에서 한 많은 생을 내던졌다. 죽어서도 크레인을 못 내려오는 바보 같은 동생에게 '승리'를 안겨주기 위한 눈물겨운 투신이었다.

2003년 11월 16일. 마침내 김주익과 곽재규의 합동 장례가 치러졌다. 눈을 뜨고는 볼 수 없고, 이 세상에 다시 있어서는 안 될 통곡의 장례식이었다. 35미터 고공 크레인에서 김주익의 시신이 내려왔고, 11미터 지하 도크에 있던 곽재규의 시신이 땅으로 올라왔.

김주익과 곽재규의 목숨이 제물이 되고서야 정부와 사측은 항복을 했다. 경영이 어려워 정리해고를 해야 한다는 이야기는 새빨간 거짓말이었다. 박창수와 김주익과 곽재규를 기리는 추모공원이 조선소 안에 지어지고, 정리해고 계획은 백지화되고, 노동조합 건물이 5층 복지관으로 번듯하게 지어지고, 30억 원을 들여 식당이 새로 지어지고, 임금과 성과급이 올라갔다. 수십 년을 싸워도 이루어지지 않던 일들이 하루아침에 이루어졌다.

투쟁 머리띠를 찬 채로 술이 거나해져 들어오곤 했다는 곽재규. 칼국수와 수제비를 유난히 좋아했다는 곽재규. 그의 딸인 경민이는 지금도 한진중공업 곁을 지날 때면 그 절망의 공장을 폭파해버리고 싶다고 한다. 그의 아내인 정갑순은 지금도 길을 가다 키 작은 남자만 봐도, 자전거를 타고 출근하는 한진중공업 노동자들을 보기만 해도 눈물이 난다고 한다.

자본가가 지는 해라면 노동자는 뜨는 해, 노무현

그런데 다음에 등장할 사람은 의외의 인물이다. 어쩌면 이 소설 같은 이야기에서 가장 행복해야 하는 사람이다.

그도 한때는 이런 한진중공업 노동자들과 함께했다. "자본가가 지는 해라면 노동자는 뜨는 해다"라고 해맑게 말하던 이다. 그래서 전태일 열사 기일 때는 함께 향을 피우기도 했던 이다. 노동자도 이론이 있어야 세상을 바꾼다며 김진숙과 소모임도 함께했던 이다. 최루탄 가루가 싸락눈처럼 내린 범냇골 국민운동본부 옥상에서 막걸리를 나눠 먹으며 신 나 하기도 했던 이다.

그런데 그가 누구냐고? 고 노무현 전 대통령이다. 김진숙과 김주익의 한때 동지였고, 고문변호사이기도 했던 이다. 짧은 인연이었지만 그도 이들과 함께했던 시절이 있었다.

하지만 김주익이 85호 크레인에 오르고, 곽재규가 도크 지하로 몸을 던질 때, 공교롭게도 그는 이 나라의 대통령이 되어 있었다. 김진숙의 말을 빌리자면 오히려 "그의 시대에 가장 많은 노동자가 잘렸고, 가장 많은 노동자가 구속됐고, 가장 많은 노동자가 비정규직이 됐고, 그리고 가장 많은 노동자가 죽었다. 군사독재 시절엔 대드는 노동자만 잘렸으나 그의 시대엔 남녀노소가 잘렸다. 서민의 벗이었던 사람이 대통령이 되었으나 부자와 빈자의 간극은 훨씬 더 까마득해졌다." 핵폐기장 건설에 반대하는 부안 주민들도 얻어터졌고, 제국주의 석유전쟁인 이라크 파병에 반대하는 시민들도 얻어터졌다. 새만금 개발에 반대해 생태개발을 외치던 주민들도 얻어터졌고, 농수산물 시장개방에 반대하는 농민들도 얻어터졌고, 평택미군기지 이전확장에 반대하는 대추리 주민들도 얻어터졌다. 한미 FTA에 반대하는 국민들도 얻어터졌다. 김주익과 곽재규 외 배달호, 김동윤, 최복남, 전용철, 홍덕표, 이용석, 이해남,

이현중, 정해진, 하중근, 박수일, 허세욱 등 수많은 노동자·농민·빈민들이 죽어갔지만, 무엇 하나 바뀌지 않았다. 살 길 막힌 수많은 이들이 죽어가며 '자살공화국'이 되었고, 부동산 투기공화국이 되었고, 비정규직은 800만을 넘어섰다. 하지만 그는 오히려 '기업하기 좋은 나라'를 약속하며 노동자민중을 멀리하고 한나라당과 대연정을 제안하기도 했다. 1987년 6월 항쟁과 7, 8, 9월 노동자 대투쟁을 통해 열린 절차적 민주주의가 일터와 삶터의 실질적 민주주의로 이행해나가야 할 역사적 과도기에 그는 수많은 하소연에도 초국적 자본의 이해에 부응하는 일명 '좌파 신자유주의자'로서의 노선을 충실하게 밟아갔다.

하지만 그렇게 박창수와 김주익과 곽재규와 김진숙의 곁을 떠났던 그의 생도 행복하지 않았다. 2008년 5월 23일, 그는 역사의 패배자가 되어 혼자 외로이 봉하마을의 부엉이바위를 망루 삼아 올라야 했다. 그의 죽음은 기실 출구를 잃은 1987년 6월 체제의 죽음이었다. 어디로도 갈 길을 잃고 무상함에 빠져 역사의 미아가 된 그의 유서에는 김주익이 죽음을 통해서라도 지키려 했던 어떤 '투쟁의 광장'도, 어떤 사회적·역사적 미련도 남아 있지 않았다. 슬픈 일이었다.

그렇게 한 뿌리에서 시작했던 네 사람의 운명은 길은 달랐지만 끝은 같았다. 무자비한 자본의 질서에 의한 사회적 타살이라는 점이 같았다. 초국적 자본의 시대에 한 마리 파리 목숨들일 수밖에 없는 역사적 서자들의 운명이 닮았다. 이런 참혹한 자본의 시대를 견딜 수 없었다는 점에서 닮았다. 다만 가해자의 편에 섰는가, 저항하는 사람들의 편에 섰는가가 달랐을 뿐이다. 먼저 가버린 이들에게 따질 바는 아니겠지만 나는 그래서 노무현이 한 나라의 대통령까지 한 위대한 이였다 하더라도, 그 삶의 가치에서는 김주익과 곽재규에 미치지 못한다고 생각한다. 많은 세월이 흘러야겠지만, 조선왕조 시대 어느 왕의 이름보다 민란을 이끈 전봉준과 김개남이 역사에 기리 남는 까닭일 것이다.

해고는 살인이다

그렇다면 이 모든 죽음들을 통과하고 승리한 자는 누구인가.

한진중공업. 그렇다. 삼성그룹. 그렇다. 현대자동차. 그렇다. 쌍용자동차. 그렇다. 대우자동차판매. 그렇다. 콜트-콜텍. 그렇다. 발레오공조코리아. 그렇다. 재능교육. 그렇다. 전주버스. 그렇다. 이명박. 그렇다.

현상적으로 본다면 그렇다. 박창수와 김주익과 곽재규의 목숨을 집어삼킨 한진중공업은 올해에도 마지막 남은 공장 인원의 3분의 1인 400명을 정리해고하겠다고 나섰다. 10여 년 사이 수만 명에 달하던 노동자들이 800여 명밖에 남지 않고 모두 잘려나갔다. 대부분은 비정규직이 되었다. 이 틈에 공장은 이미 수조 원을 들여 필리핀 수빅으로 이

전한 상태였다. 2010년에만 비정규직 포함 3천여 명이 잘렸고, 300명이 강제 휴직을 당했고, 울산공장이 폐쇄됐다. 경영이 위기에 처했냐고? 천만의 말씀. 2011년 올해 270여 명을 다시 희망퇴직으로 정리하고, 나머지 170여 명을 정리해고 통보한 다음 날, 대를 이은 조남호 사주 일가와 주주들은 176억 원의 고배당을 챙겨갔다.

한진중공업만 그러냐고? 이병철 회장의 아들 이건희 회장이 부자 1위가 되고, 또 그 아들 이재용 상무가 부자 2위가 되는 나라. 정주영 회장의 아들 정몽구가 회장이 되고, 또 그 아들 정의선 부회장이 재계 순위 4위가 되는 나라다. 이미 900만 명에 이르는 노동자서민들이 비정규직의 나락으로 떨어졌지만 거기에 그치지 않고, 오늘도 '사회적 살인'에 다름 아닌 정리해고와 비정규직화, 공공부문 사유화 등 자본의 위기를 노동자민중의 위기로 전가하는 구조조정은 끊이지 않고 있다.

다시 85호 크레인, 김진숙

2011년 1월 6일 새벽 3시. 한 늙은 여성노동자가 김주익의 영혼이 아직 내려오지 못하고 있는 85호 크레인의 차가운 난간을 붙잡고 올랐다. 사측이 정리해고 명단을 발표하기 전날이었다. 8년 전 김주익과 곽재규가 죽음으로서 지킨 민주노조와 조합원들의 생존권이 모두 산산조각 나고 있는 때였다. 마지막 살아남은 자, 김진숙이었다.

그는 지난 8년 동안 방에 불을 때지 않고 살았다. 85호 크레인에서 혼자 추위와 외로움에 떨다 죽어간 김주익 때문이었다. 그런 그가 웬일인지 2011년 1월 5일 저녁, 함께 살던 후배 황이라에게 굳이 밥을 같이 먹자 하고, 8년 동안 가지 않던 목욕탕을 다녀왔다고 한다. 이틀 전엔 비로소 8년 동안 불을 때지 않던 방에 보일러를 켰다고 한다. 그렇게 목욕재계하고 밤늦게 나간 그가 새벽에 문자를 보내왔다. "놀라지 말고 책상 위 편지를 봐라"라는 문자였다. "산전수전 다 겪었다고 생각했는데", "평범치 못한 삶을 살아오면서 수많은 결단의 순간들이 있었"지만 "85호 크레인이 어떤 의미인지를 알기에", "이번 결단을 앞두고 가장 번민했"다고 한다. 도대체 그 번민이 어떤 의미일까. 나는 눈물이 왈칵 쏟아져 생각할 수도 없었다.

그는 그 의미를 알기 때문에 자신만은 "주익 씨가 못 해봤던 일, 너무나 하고 싶었으나 끝내 못 했던, 내 발로 크레인을 내려가는 일을 꼭 할 겁니다"라고 말하고 있다. "그래서 이 85호 크레인이 더 이상 죽음이 아니라, 더 이상 눈물이 아니라, 더 이상 한과 애끓는 슬픔이 아니라 승리와 부활"의 자리가 되도록 "아직도 85호 크레인 주위를 맴돌고 있을 주익 씨의 영혼을 안고 반드시 살아서 내려가겠"다고 한다.

사람들이 염려하지 않게 영하 10도를 오르내리던 크레인 위에서 오히려 "공기 좋고, 전망 죽이고, 젤 좋은 게 뭔지 아십니까? 사람들이 다

알루 보입니다. 방이 좀 작아서 그렇지 발코니도 널찍해요. 봄이 오면 텃밭을 가꿔서 가을에 거둬 먹을 생각"이라고 능을 친다. "아직 수맥 찾는 법을 몰라", "양치질은 짝수 날만" 하고, "세수는 윤석범 동지 장가가는 날은 꼭 한다"라고 한다. "35미터 크레인 위에서 군고구마 먹어본 사람" 있냐고 골린다. 징역 살 땐 하루에 4,520원밖에 안 쳐주더니, 오늘부터는 하루 손배 100만 원짜리 인간이 되었다고, 이제야 제 가치를 인정받는 것 같다고 신 나 한다.

올라와보니 "동지들이 많이 모인 날은 삶 쪽으로, 동지들이 안 모인 날은 죽음 쪽으로 위태롭게 기우뚱거리며" 129일을 버티던 김주익의 마음이 이해된다고, 김주익을 죽인 건, 어쩌면 나였다고 쓰기도 한다. 쌍용자동차 해고노동자들처럼 모두 개별화되어 서럽게 죽지는 말자고 한다. "산 자와 죽은 자는 저들이 갈라놓은 이간질일 뿐"이라고 한다. "우린 어제도 하나였고, 오늘도 하나"라고, "우리 단결이라는 방탄조끼"를 입고 끝까지 단결해서 꼭 승리하자고 한다.

한진중공업엔 우리만 다닌 게 아니라고 한다. "평생을 새벽밥하며 남편 출근하는 동안 한시도 맘 놓지 못했던 아내들도 다녔고, 아빠 돌아올 시간만 목 빠지게 기다리다 아빠 얼굴 그리며 잠들던 아이들도 다녔고, 노심초사 아들내미 사위 걱정에 한시도 편할 날 없던 부모님들도" 다녔던 공장이라고 한다. 도대체 수십 년간 "일요일에도 특근 나가던" 우리가 무엇을 잘못했냐고, 우리가 어떻게 경영을 어렵게 했냐고 한다.

"지 마누라, 지 새끼 옆에 있는 시간보다 회사에 있는 시간이 훨씬 길었던 저 사람이 도대체 어떻게 회사를 어렵게 만들었"냐고 한다. 자신은 "예준이가 두 돌이 되는 것도 이 공장에서 보고, 민석이가 세 돌이 되는 것도 이 공장에서 보고, 유주가 학교에 들어가는 것도, 다림이가 중학생이 되는 것도, 현서가 건강하게 잘 자라는 것도 이 공장에서" 지켜볼 거라며 우리 모두 함께 싸우자고 한다.

이 모든 것은 사람의 말이 아니다. 나는 이렇게 처참하면서도 아름다운 문학을 본 적이 없다.

"1970년에 죽은 전태일의 유서와 세기를 건너뛴 2003년 김주익의 유서가 같은 나라. 세기를 넘어, 지역을 넘어, 업종을 넘어, 자자손손 대물림하는 자본의 연대는 이렇게 강고한데, 우린 얼마나 연대하고 있습니까? 우리의 연대는 얼마나 강고합니까? 비정규직을, 장애인을, 농민을, 여성을 외면한 채 우린 자본을 이길 수 없습니다. 아무리 소름 끼치고, 아무리 치가 떨려도 우린 단 하루도 그들을 이길 수 없습니다. 저들이 옳아서 이기는 게 아니라 우리가 연대하지 않음으로 깨지는 겁니다. 만날 우리만 죽고, 만날 우리만 패배하는 겁니다. 아무리 통곡을 하고 몸부림을 쳐도 그들의 손아귀에서 한시도 벗어날 수가 없습니다. 억장 무너지는 분노를, 피가 거꾸로 솟구치는 억울함을 언젠가는 갚아줘야 하지 않겠습니까? 어버이날 요구르트 병에 카네이션을 꽂아놓고 아빠를 기다린 용찬이. 아빠 얼굴을 그려보며 일자리 구해줄 테니 사랑하는 아빠 빨리 오라던 혜민이. 그 아이들이 살아갈 세상은 좀 달라져야 하지 않겠습니까?"라는 시대의 절규를 들어본 적이 없다. 이렇게 아름답고 존엄한 인간의 말을 들어본 적이 없다.

함께 가자, 우리 이 길을

그는 지금 한진중공업 동료 노동자들과 그 가족만을 위해 싸우고 있지 않다. 이 서러운 이야기는 우리 시대 평범한 모든 이들이 함께 살아온 한 시대의 이야기다. 지금 여기서 살아가고 있는 모두의 운명과 관련된 이야기다.

나는 여기에서 굳이 그런 김진숙을 '소영웅주의'네, '절차와 지침'을 따르지 않고 조직을 와해시키는 비조직적 행동이네 하며 깠다는 사람들을 이야기할 까닭을 못 느낀다. 자발적으로 조합원들이 친 천막을 철거하고, '사측의 협조를 얻어 회사 CCTV를 분석해' 누가 김진숙이 오르는 것을 도왔는지를 조사하며, 촛불문화제의 음향 제공까지를 거부하며 크레인 농성 초기 김진숙을 비난했다는 한진중공업 노조 지도부를 이야기할 필요도 없다고 생각한다. 근처 거제도에서 다시 비정규직 철폐를 외치며 15킬로와트의 전류가 흐르는 송전탑에 '신나'를 들고 올랐다는 김진숙의 또 다른 벗 강병재만 이야기하면 된다고 생각한다.

14명의 동료를 잃고 오늘도 거리를 헤매고 있는 쌍용자동차 노동자들과 그 추모제가 열리는 날 재능교육 본사 앞에서 삭발을 하고 단식을 선포했다는 재능교육 비정규직 유명자와 그 동료들의 이야기도 뼈아프지만 굳이 하지 않아도 된다고 생각한다. 대법원 판결에 따른 정규직화 요구를 하다 도리어 구속되고 해고되고 징계당하며 울산 현대자동차 공장 앞에서 오늘도 끌려가고 있다는 현대자동차 사내하청 비정규직들의 이야기를 굳이 하지 않아도 된다고 생각한다. 이화여자대학교와 고려대학교와 연세대학교에서 농성 중인 청소용역 노동자들을, 프랑스 대사관 앞에서 벌써 몇 달째 노숙을 하고 있는 발레오공조코리아 노동자들을, 또 그렇게 몇 년째 싸우고 있는 국민체육진흥공단의 비정규직들을, 이제 다시 거리로 나앉게 된 대우자동차판매 노동자들을, 다시 망루를 쌓고 올랐다는 전주버스 노동자들을, 5년째 위장폐업한 공장을 지키며 뜨개질로 하루를 보내며, 기금 마련을 위한 CMS 신청서를 만들었다고, 한번 봐달라고 보낸 콜트-콜텍 기타 만들던 노동자들을 굳이 이야기하지 않아도 된다고 생각한다.

이럴 때 민주노총이 나서서, 금속산별이 나서서, 삼성에서, 쌍용자동차에서, 그리고 다시 어디에서 죽어가고 있는 노동자들에 대한 범국민적 저항에 나서야 한다고, 날마다 청와대와 전경련과 경총으로 진격하는 투쟁을 해야 하는 것 아니냐고 굳이 이야기하지 않아도 된다고 생각한다.

이 이야기의 한 주인공이기도 했던 노무현의 계승자들이 지금 당장

해야 할 일은 박창수, 곽재규, 김주익의 벗인 김진숙이 다시 '85호 크레인'에 오르듯, 신자유주의라는 야만의 행진을 멈추게 할 부엉이바위에 오르는 일이라는 것을 굳이 이야기하지 않아도 된다고 생각한다. 립서비스가 아니라 진정한 민주대연합을 바란다면 이제 다시는 김주익과 곽재규를 등 떠밀지 않고, 시대에 참회하며, 지금 당장 구원이 필요한 그들에게 달려가 '이기지 못하면 살아 돌아가지 않겠다'던 김주익의 결의와 같은 진정성을 보여주는 일이라고 굳이 이야기하지 않아도 된다고 생각한다.

이것은 우리 시대 모두의 운명과 관계된 이야기다. 저 아래쪽 바닷가에서 일어나는 일이기에 멀어 보이는 일이 아니다. 언제 당신과 내가 다시 이 이야기의 주인공이 될지 모른다. 함께 나서서 저 여린 소금꽃나무 김진숙이 김주익의 슬픈 영혼을 고이 안고 저 85호 크레인에서 내려올 수 있도록 하자. 우리 시대가 고통받는 모든 이웃들을 함께 껴안고 조금은 더 안전하고, 평화롭고, 평등한 사회로 나아갈 수 있도록 하자.

그러기 위해 한 발짝만 더 우리 자신의 미래를 위해, 지금 힘이 필요한 그들에게 함께 달려가자.

희망버스를 지켜주세요

JINSUK_85 김진숙

용역들 싣고 온 관광버스 짜악 깔리고 바퀴벌레들이 시커멓게 쏟아져.

RT @hans6187

한진 상황. 희망버스와의 만남을 지켜주세요. 사측이 희망버스를 막기 위한 작전에 돌입했습니다. 가까운 지역동지들 지켜주십시오. 지금 결합해주십시오. 용역도 마구 모집 중인 걸로 정황이 나타납니다.

RT @hans6187

희망버스를 지킵시다. 한진 상황. 희망버스 지키기 위해 양쪽 문 폐쇄 시도 정문은 인의장벽으로 봉쇄 예정. 용역, 관리직 12일까지 총동원. 약 천 명 배치 예정. 조합원 수가 많이 부족. 지금부터 일요일까지 시간되는 대로 연대할 수 있는 동지들께 요청드립니다.

JINSUK_85 김진숙

한진 상황. 사측 구사대 300명 서문 침탈 대기 중 조합원보다 몇 배 많습니다. 잠시 후 침탈 예정.

JINSUK_85 김진숙

비는 내리고 소화기는 하얗게 피어오르고 열 배가 넘는 단련된 깡패들 앞에 맞서 있는 우리 조합원들. 저들의 표정까지 제 눈엔 다 보이는군요.

JINSUK_85 김진숙

특수선 쪽 출입문에서 용역깡패들과 구사대들이 조합원들과 격렬한 전투 중.

JINSUK_85 김진숙

우리 조합원들 때리지 마라! 평생 일한 직장에서 아무 잘못 없이 짤리면 누가 그걸 받아들이겠냐고! 6개월 동안 집에도 못가고 가슴속엔 피멍들고 몸뚱이엔 골병든 사람들이다! 제발 때리지 마라!

JINSUK_85 김진숙

용역깡패들 방패에 머리 찍힌 대의원은 중상, 조합원 한 분은 밟혀서 허리 부상! 용역 철수시키지 않는 이상 다치는 사람 더 늘어날 수밖에 없는 상황!

RT @Mirror

용역 투입. 현재까지 조합원 두 분 실신하셨고, 서문이 뚫렸다고 합니다. 조합원 동지들에게 십 원짜리 욕과 폭력을 휘두르는 몰지각한 용역과 경찰들을 혼내줍시다. 저는 옷 입고, 한진으로 갑니다.

RT @hans6187

용역들 방패에 한 동지가 맞고 허리부상인 듯 구급차에 살려갔음. ㅠㅠ 저도 기진맥진 힘 다 빠지고 땀이 두 번이나 나동그라졌지만 건재합니다.

RT @hans6187

용역들이 동문으로 이동 중. 아마 오늘 중으로 문 세 개를 다 확보하려는 것 같습니다. 달려와주십시오.

RT @hans6187

한진 상황. 서문을 포기했습니다. 정문이라도 막으려 합니다. 희망버스를 기다리는 조합원과 김진숙 동지에게 힘을 모아주십시오. 인원이 너무 적습니다. 이틀을 버텨야 합니다. 이대로 당할 순 없습니다.

RT @mhosr

'노동의 권리', '먹고살자'는 이야기에 경찰로부터 보호받는 '공식깡패용역'을 투입하여 '두드려 패는' 나라와 기업이 '공정 사회'를 말할 자격이 있나? 6·10 항쟁으로부터 24년이 지난 오늘. 한진중공업의 모습이다.

아, 눈물이 난다.

윗글은 우리가 서울에서 마지막 희망버스 회의를 하는 동안 트위터를 통해 실시간으로, 1분 전, 5분 전, 10분 전에 끊임없이 올라오는 현장의 소리, 아비규환의 소리다.

희망버스가 뭐라고, 7개월여째 답 없이 절망의 나날을 보내왔던 현장의 노동자들이 다시 피를 흘리며 싸우고 있다.

절망은 이제 정말 지겹다는, 체념과 낙담도 이젠 싫다는, 그래서 신나게 놀고 오자는 날라리 희망버스를 지키기 위해, 나를 위해, 지금 누군가가 저 남도 끝에서 울부짖으며 '현대판 사제 용병'인 용역깡패들에 맞서 싸우고 있다.

캠핑 가듯이 즐겁게 가자는 사람들의 마음이 무너지고 있다. 우리가 가진 건 연대의 마음뿐이라고, 힘이 되지 않는 시와 노래와 춤과 그림뿐이라고, 그거라도 힘이 된다면 함께하자고, 가족들의 손을 잡고, 아이들의 손을 잡고, 연인의 손을 잡고 소풍 가기 전날처럼 마음이 설렌 착하고 순박하기만 한 사람들을 위해 지금 자신의 절망만으로도 어깨가 무너지는 사람들이 눈물을 흘리며 싸우고 있다. 회의를 중단하고 트위터상에 쉬지 않고 올라오는 실시간 글들과 동영상과 사진들을 보며 모두의 눈이 충혈되고 말이 없다.

아, 이 가슴에 용광로의 화염처럼 뜨겁게 타오르는 분노를 어떻게 해야 하나.

아, 이런 악독하고 예의 없는 세상을 어떻게 견뎌야 하나.

어제는 다시 현대자동차 아산공장에서 박○○ 조합원이 '노동탄압 중단하라'는 유서를 남기고, 화장실에서 자결을 했다. 그렇게 죽어간 노동자들이 쌍용자동차 희생자 15명을 포함해 헤아릴 수 없다. 김진숙 선배가 지키고 있는 85호 크레인을 지키기 위해서만 김주익과 곽재규 열사가 자신의 목숨을 내놓아야 했다. 십수 년 사이 그렇게 이 땅에는 '정리해고'라는 구제역이 창궐했다. '구조조정'이라는 쓰나미가 평범한 사람들의 가정을 덮쳤다.

이것은 어쩌면 원폭보다 무섭고, 광우병보다 치명적이며, 조류인플루엔자보다 무서운 일상적인 테러이며 살인이었다. 그 과정에서 수백만의 노동자들이 삶의 터전을 잃고, 비정규직이라는 벼랑으로 내몰렸다. '기업하기 좋은 나라'는 다른 말로 하면 '노동자는 살 수 없는 나라'라는 말이다.

지금 저 먼 부산 바닷가 한적한 공장 앞에서 온몸으로 지키고자 하는 희망버스는 잘 준비되고 있다. 근 천여 명, 부산 지역에서 연대하는 사람들까지 합치면 근 2천여 명의 사람들이 6월 11일 밤 어김없이 부산대교(신 영도다리)에 도착해 전국 각지에서 고이 가슴에 품고 온 양심의 촛불, 연대의 촛불, 사랑과 평화의 촛불을 켜들 것이다. 서울에서는 고운 손수건을 준비했고, 한진중공업 가족대책위원회에서는 고맙다고 양말 선물을 준비했다고 한다. 장투닷컴에서는 따뜻한 한 모금의 술과 홍보물 전체를 내주었고, 우리 시대의 어른 문정현 신부님이 저 먼 군산에서 국밥을 마련해 온다. 시인, 소설가, 미술인, 사진작가, 어린이동화작가, 다큐감독, 가수, 무용가 들도 온다. 인원은 많지 않지만 수많은 사회단체들의 소중한 분들이 함께해주고 있다. 누구보다 전국 각지의 철거민들, 해고노동자들, 비정규직 노동자들이 우리 시대의 절망을 함께 넘어보자고 부산으로, 부산으로 향한다.

밤새워 노래와 춤과 이야기들이 끊이지 않을 것이다. 농담과 해학이 끊이지 않을 것이다. 환대와 우애가 끊이지 않을 것이다. 그게 무슨 힘이 될 거냐고? 하지만 우리는 믿는다. 사람이고자 하는 마음만큼 강한 것은 없다. 역사 이래 그 어떤 총칼과 억압과 배제도 '사람의 말들', '사람의 절규들', '사람이고자 하는 희망의 몸부림들'을 막지 못했다. 새로운 세계로 넘어가는 사람들의 발걸음을 막지 못했다. 때론 외롭고 힘들더라도 그 길에 '사람'이 있다면 어디서든 빛이 비칠 것이다.

"함께 이 희망버스를 지켜주십시오. 함께 저 절규하는 한진중공업 해고노동자들과 그 가족들을 지켜주십시오. 저 외로운 여성노동자 김진숙의 아픔을 지켜주십시오."

그가 절망 속으로 뛰어들지 않게, 그들이 눈물 속으로 빠져들지 않게,

우리가 함께 버팀목이 되어주면 좋겠다. 이것은 나를, 우리를 구하는 일이기도 하다. 누구보다 부산 지역 시민 여러분이 함께해주면 좋겠다.

이렇게 내일이면 희망버스를 타야 하는데 왜 이리 눈물이 나는지 모르겠다.

회의 전 오랜 벗 하나가 참을 수 없는 눈물을 터트리기도 했다. 쌍용자동차 77일 투쟁 때는 다리를 다치기도 했던 친구다. 내가 기륭전자 비정규직 투쟁으로 국회의사당 내 한나라당 원내대표실 앞을 점거하고 있을 때, 그 어두운 의사당 정문 앞에서 싸워주기도 했던 동지다. 어제 콜트-콜텍 기타 만드는 노동자들의 농성장을 새로 단장했는데 사람들이 너무 힘들어하더라고, 재능교육 비정규직 유명자 지부장은 수술을 거부했다고 말하는, 가방에 늘 쌍용자동차 해고노동자 돕기 CMS 용지를 가지고 다니는 씩씩한 동지였는데, 강인한 벗이었는데, 이 견딜 수 없는 절망들에 휩싸여 있는 게 너무나 힘들었던가 보다. 그 강인하던 눈에 눈물이 흐르는데 아무 말도 못 하고 눈만 감고 있었다. 말은 안 해도 얼마나 많은 절망과 패배가 쌓였으면 저럴까. 속으로 복받치는 분노 때문에 아무 말도 할 수 없었다.

이런 절망을 넘어보자고, 가장 아래에서 고통받으며 싸우는 사람들과 함께 희망버스를 만들게 되었다. 거기 수많은 마음들을 얹어주신 분들에게 얼마나 감사한지 모른다.

이제 나가봐야 한다. 오늘도 보신각에서는 '비정규직 없는 세상 만들기 100만 행진' 세 번째 촛불문화제가 열리고 있고, 그 자리에서 다시 '범국민 민족민주열사 추모 전야문화제'가 열린다. 끝나고는 '비정규직 없는 세상, 등록금 없는 세상'이라는 손팻말을 들고, '반값 등록금'을 위해 동맹휴업을 하고, 거리로 나온 학생들에게 연대하러 가자 했다.

그리고 지금 이 시간 저 부산 한진중공업에서는 자신들이 수십 년간 일해온 공장에서 쫓겨나지 않기 위해 날을 꼬박 새우며 울며불며 우리의 '희망'을 지켜주기 위해 싸우는 분들이 있을 것이다. 저 현대자동차 아산에서는 목을 매단 또 한 명의 김주익과 곽재규를 지키기 위해 착취의 라인을 멈춰 세우고, 눈물 흘리고 있을 노동자들이 있다.

그런 오늘이 1987년 6·10 항쟁 24주년이 되는 날이다. 슬프다. 24년이 흐른 오늘의 이 상황들이.

제발 한진중공업 노동자들이 공장을 지킬 수 있기를 바란다. 오늘 당신들이 겪고 있는 수모를 내일은 우리가 갚아주겠다. 더 이상 우리는 죽을 수 없다. 더 이상 우리는 쫓겨날 수 없다. 더 이상 우리는 이 평지에서 밀려 새들도 둥지를 틀지 않는 저 하늘 가까이로 쫓겨 올라갈 수 없다. 쫓겨나야 하는 것은 악독한 기업들이다. 반사회적인 자본가들이다. 그것을 지켜주고 있는 썩어빠진 정부와 체제다.

아무리 저들이 우리에게서 '희망'을 빼앗아도, 우리는 우리가 가진 인간으로서의 존엄을 잃지 않을 것이다. 웃음을 빼앗기지 않을 것이다. 낙관을 빼앗기지 않을 것이다. 연대의 마음을 내려놓지 않을 것이다.

세상에 없던 버스들이 온다

2011년 6월 15일, 우리는 허무맹랑한 결의를 했다. 아니 다시 또, '깔깔깔'거렸다. 1차 희망버스를 타고 돌아온 지 채 3일이 지나지 않았다. 개인적으로 1차 희망버스를 타고 내려가기 전 머리가 너무 아파 두 병의 우황청심환을 사야 했고, 내려가는 버스 안에서는 너무 많은 전화 통화로 입이 돌아갈 것 같은 기미를 느끼기도 했다.

보수 언론에 의해 이미 우리는 국가기간산업과 방위산업체의 담을 넘은 흉악한 이들이 되어 있었고, 다수를 소환한다는 엄포가 나오고 있을 때였다.

하지만 우리는 6월 11일, 그날 밤의 재밌는 놀이들과 노래들과, 해방 춤들을 잊을 수 없었다. 내일이 없어도 좋을 것 같은 날들이었다. 새벽녘 비를 맞으면서도 85호 크레인을 향해 무슨 모아이 섬의 석상들처럼 우두커니 서 있던 사람들의 장엄함을 잊을 수 없었다.

병원에서 깨어난 아이의 첫말이 "근데 아빠 수술비 있나?"였다며, '여러분이 떠나고 나면 우리는 어떻게 될지 알 수 없다고' 울부짖던 한 사내의 절규를 잊을 수 없었다. '당신들이 우리에게 희망을 주었습니다'라고 적힌 양말 하나씩을 나눠주며 하염없이 울던 해고노동자 가족들의 굵은 구슬 눈물들을 잊을 수 없었다. 그 눈물 속에 나의 부끄러운 모습들이 투명하게 보였다.

한국근현대사 노동자민중들의 수난과 저항의 상징이 되어버린 85호 크레인의 의미를 담아 85대를 잠시 고민하다, 거기에 100대가 더 붙은 185대의 희망버스를 제안했다. 우리가 내려가는 7월 9일이 김진숙이 85호 크레인에 올라가 스스로 문을 잠가버린 지 185일이 되는 날이었다.

날마다 계단 내려가는 법을 잃어버릴까 봐 제 발로 크레인을 내려가는 일을 연습한다는 그에게 전국에서 출발한 희망버스 한 대가 그와 그의 동료들에게 희망의 한 걸음이 되어주면 좋겠다는 간절한 꿈이었다. 그 후 오늘까지 우리는 시간이 어떻게 흘러갔는지 모른다.

그러곤 지금 놀라운 일들이 한국 사회에서 벌어지고 있다. 여기저기에서 버스가 한 대씩 불쑥불쑥 솟아오르고 있다. 그 기적은 정부와 사측이 54억 원의 손배가압류, 2천여 명의 경찰과 600여 명의 용역깡패, 120명의 집달리, 50명의 체포조를 앞세워, 노조에게 일방적인 항복문서를 받아낸 6월 27일 '한진 노사 합의'라는 절망의 날을 미안하지만 훌쩍 넘어서버렸다.

공권력은 참가하지도 않았던 사람까지 포함해 1차 희망버스로 무려 104명에게 소환장을 뿌리며 위협했지만 이 희한한 사람들은 겁이 없다. 그 모든 것들이 오히려 사람들의 마음속 양심의 심지에 불을 붙여주는 스파크로 작용하고 있는 듯하다. 참여하는 사람들의 면면도 다양해지고 있다.

'영의정 버스'는 청소년 인권활동가들의 버스다. '잉여로운 당신을 위해, 연대 돋는 청춘을 위해' 출발한다. '아프니까 청춘이다? 개 풀 뜯어먹는 소리! 희망이 현실로 변하는 다섯 시간을 위해' 달린다. 청소년들에 이어 청년학생들이 '반값 등록금 버스'를 발진한다. 900만 명에 이르는 사람들이 비정규직 노동자로 살 수밖에 없는 세상, 정리해고가 만연한 세상에 '정리해고, 비정규직 없는 세상을 위한 2차 희망버스'의 꿈은 청년학생들 자신들의 문제이기도 하다는 절박한 인식이다.

언니 오빠들의 행렬에 질세라 아이들도 함께한다. '대안학교 어린이 버스'다. 1차에도 함께했던 '기찻길 옆 공부방' 아이들, 광명의 볍씨학교 아이들, 성미산학교 아이들을 포함해 전국의 대안학교 어린이들이 진정한 '생태학습'에 참여한다.

이런 우리의 아이들을 지키기 위해 참교육학부모들이 이미 버스를 예약해둔 상태다. 이 모든 평화롭고 평범한 이웃들을 지키기 위해 변호사들과 두 대의 인권활동가 버스가 출발 준비를 마쳤다. 1박 2일 노숙하다 혹시 누구라도 다치거나 아프면 어쩌나 걱정했는데, 다시 어디에선가 불쑥 한 대가 솟는다. '희망의 보건의료인 버스'다. 주말엔 교회를, 성당을, 절을 찾아야 하는데 어떡하느냐는 질문에는 신부님, 목사

님, 스님들이 나선다.

이런 즐겁고 뜻깊은 버스들을 어떻게, 왜 막겠다는 건지, 이 정부는 도대체 누구의, 무엇의 편인지 알 수가 없다. 우리 모두의 공통의 미래와 싸우겠다는 것만큼 어리석은 일도 없을 것이다. 여기에 더해 어린이책 작가들이 '희망의 책을 싣고 달리는 희망버스'를 운행한다. 전국의 해고 노동자 자녀들에게 직접 사인한 '희망의 책'을 전달한다고 한다.

각 아이들의 이름과 나이에 맞는 책을 고르는 수고까지를 마다하지 않는다. 1차 희망버스로 소환장을 받은 소설가 공선옥, 미술가 이윤엽 등 동료 문화예술인들의 노고와 영광을 치하하며, 작가들이 펜끝과 붓끝을 창끝처럼 갈고, 카메라렌즈를 닦으며, 기타줄을 고르며 7월 9일을 노심초사 기다리고 있다.

185대는 이렇게 즐겁고 신 난다. 살아가며 이렇게 아름다운 소풍도 별로 없을 것이다. 185대는 누구에게나 열려 있고 연대하는 버스다. 희망버스는 다름을 존중하고, 내가 모르는 세계에 대해 겸허한 버스다.

소금꽃 김진숙이 여기는 우리가 잘 지킬 테니, 며칠이 멀다 하고 용역깡패들에게 맞아 병원으로 실려가는 아산의 유성기업 노동자들을 지켜달라고 했듯이, 또 자기보다는 대우조선 철탑 위에서 둥지 하나 없는 새처럼 살던 강병재를 기억해달라고 했듯이, 홍대 미화원 어머니들을 지켜달라고 했듯이, 1300일을 넘는 재능교육 비정규직과 국민체육진흥공단 비정규직들을 도와달라 했듯이, 그 마음 그대로 '2차 희망버스

'185대'는 한진 해고노동자들과 김진숙을 넘어 우리 시대에 고통받거나 차별받는 모든 이들의 해방을 꿈꾸는 아름다운 버스다. 반대로 가장 고통받고 차별받는 이들이 진정한 인간애가 무엇인지를 우리에게 알려주고 확인시켜주는 역발상의 버스이기도 하다.

이를 위해 '장애인 연대버스'가 시동을 건다. 옆에는 그들의 전동휠체어들과, 이를 실은 '희망과 연대의 트럭'도 함께한다. 성소수자들의 연대버스인 '퀴어버스'도 '색'다른 출발을 준비하고 있다. 두리반에 함께했던 인디뮤지션들이 수유너머N과 또 다른 '날라리'들이 되어 한 차로 출발한다. 용산과 같은 학살과 참극이 일어나면 안 된다고 용산 유가족들도 함께 타고, 유가협과 범국민민족민주열사 추모연대의 어르신들이 맨 앞 차에 오른다.

지역의 희망버스들도 다채롭다. 군산 평화의 버스는 500인분의 밥차를 끌고 온다. 청주 희망버스는 200인분의 '희망의 묵밥'과 '연대의 연김밥'을 가지고 온다 한다. 제주에서는 '희망의 비행기'를 띄운다. 가난한 외국인 이주민들이 모여 '희망의 봉고'로 머나먼 여정을 떠나온다. 전국에서 '농민-노동자 연대버스'도 출발한다.

이렇게 자발적으로 만들어진 지역 희망버스가 현재까지 수원, 평택, 안산, 부천, 안양, 성남(여주), 의정부, 고양, 인천, 원주, 춘천, 태백(영월), 강릉, 속초, 천안, 서산, 청주, 충주, 제천, 대전, 광주, 순천, 전주, 군산, 대구, 창원, 울산, 창원, 제주 등 전국 31개 지역이다. 지역마다

한 대씩도 아니다. 인천은 열 대의 희망버스를 준비 중이라고 한다. 마산과 창원은 현재만 세 대가 준비되었다고 한다. 수원은 두 대라고 한다. 지금도 새로운 지역들이 생겨나고 있다.

이 버스는 진화하는 버스로, 7월 9일 전까지 얼마나 많은 희망버스들이 만들어질지 누구도 장담할 수 없다. 시 단위를 넘어 읍 단위로, 면 단위로, 민주노총의 산별연맹과 지역본부들을 넘어 사업장 단위로, 온갖 사람들의 공동체로 더 나아갈 수 있다. 우리는 그 최선의 노력을, 이때를 위해 결정적으로 비축해두었던 모든 힘을 아낌없이 쏟아부을 것이다. 정부와 경총과 전경련과 대한상의와 경찰들도 그래주기를 바란다.

이미 길을 떠난 이들도 있다. 전국 185대를 간절히 호소하기 위해, 먼저 자신의 몸으로 길을 닦아놓기 위해 7월 1일 쌍용자동차 해고노동자들과 '날라리', '깔깔깔'이 평택 쌍용자동차 앞에서 8박 9일의 일정으로 '희망의 폭풍질주-소금꽃 찾아 천리길' 도보행진에 나섰다. 오늘 출발했는데 벌써 참가하겠다는 사람들이 우후죽순이다. 앞서 일주일씩 휴가를 내고 어두운 부산 한진중공업 앞을 지키거나 지켰다 온 소중한 사람들이 있다.

여기에 결정적으로, 2차 희망버스에 조직적으로 참가하기로 한 민주노총을 중심으로 '전체 노동부문'의 참여까지를 생각하면, 7월 9일 부산의 모습이 어떠할지가 잘 상상이 되지 않는다. 만약 그 전에 우리 모두의 소금꽃 김진숙에게 무슨 일이라도 벌어진다면, 이 정권은 조기 퇴진을 각오해야 할 것이다.

희망버스에서 읽을 책도 한 권 나온다. 『깔깔깔 희망버스』(후마니타스)다. 지난주 토요일 25일에 처음 기획되었으니 단 10여 일만에 펴내게 되는 세계적으로 희귀한 책이 될 것이다. 김진숙이 85호 크레인에 오른 후 써왔던 글들과 촌철살인과 풍자와 해학의 트윗들, 1차 희망버스의 기적을 이루었던 사람들의 글들을 함께 묶었다. 판매 수익금은 희망버스를 지키는 데 쓰인다.

보수 언론과 공권력의 음해에도 1차 희망버스 때나 지금이나 희망버스는 평화롭게, 즐겁게, 재밌게 놀자이다. 185일의 고통과 아픔을 몰라서가 아니다. 평화를 바라는 소박한 마음만이 어떤 불의와 폭력과 야만도 이길 수 있다는 믿음이다.

7월 9일 오후 7시부터 부산역 광장에서 부산 시민들과 함께하는 콘서트도 잡혀 있다. 이곳으로 6시까지 전국의 희망버스들이 도착한다. 콘서트에는 박혜경, 3호선버터플라이, 시인 김선우, 심보선 등이 함께한다. 8시 30분부터는 촛불행진을 하며 한진중공업 85호 크레인을 향해 간다. 만약 이런 평화의 촛불들을 막는다면 우리는 어디에서고 주저앉을 용기가 있다. 그래서 끌려가야 한다면, 백기완 선생, 문정현 신부님 등 어른들이 먼저 가시겠다고 했으니 에돌아가지 않는 진검승부를 바란다.

도착해서는 대동의 한마당을 한 시간 정도 진행하고, 이후에는 돌아올 때까지 축제와 연대의 한마당이다. 우리는 다만 '사람들의 말을 듣기 위한 무대 세 곳만을 준비할 것이다. 이 마당 중 하나는 '희망의 나눔장터'다. 각자 준비해온 음식을 나누고, 자신의 소중한 것들을 한 가지씩 가지고 와 교환하는 연대의 마당이다. 갖가지 자율적인 마당들이 설 수도 있다.

지금 이 글을 쓰며 생각난 것은, '인생상담코너'다. 수많은 인생격정을 거쳐온 선배들, 선생님들이 청년들의 고민을 들어주고, 최소한 양심을 간직하며 사는 길이 어떤 길인지를 얘기해주는 마당이다. 전국의 해고노동자들 가족들도 초대하면 좋겠다. 이미 쌍용자동차와 한진중공업과 유성기업 가족들이 만났다.

아프겠지만 더 많은 고통받는 가족들이 이곳에 와서 서로를 위안하며, 힘을 얻어가면 좋겠다. 이 남성 중심의 사회에서 3중 4중 5중으로 고통받고 있는 그들에게 우리 모든 남성들이 미안해하는 날이 되면 좋겠다. 해고노동자 가족들은 몇 분이 되던 2차 희망버스에서 참가비를 지원하면 좋겠다. 이런 눈물겹고 신 나는 기획들로 벅차오르는 날이 되면 좋겠다.

그러곤 7월 10일 다시 헤어져야 하는 시간. 그 시간까지 한진중공업이 최소한의 요구인 '정리해고'를 철회하지 않고, 김진숙이 그대로 85호 크레인에 있어야 한다면, 우리는 그 자리에서 더 거대하고, 더 신명 나고, 더 눈물겨운 제3차 희망버스를 결의해야 할 것이다. 그 분노와 열망과 꿈의 물결이 어디로 향할지는 그 누구도 장담할 수 없다. 그 물결은 진정한 제2의 촛불로 타오를 수도 있고, 제2의 6·10 항쟁으로 이어질 수도 있다. 늘 있었던 약속하고는 조금은 다를 것이다.

지금도 85호 크레인은 현대판 사병에 다름 아닌 용역깡패들에게 포위당해 있다. 어떤 물품도 올라오지 못하게 막아 3일 만에 죽을 먹었다고 한다. 바깥이 보이는 담장에는 3미터 높이의 그물망을 치고, 철조망까지 둘렀다고 한다. 85호 크레인 주변으로는 소방펜스도 쳤다고 한다. 경찰특공대들이 수시로 드나들고, 전기를 끊어 온통 어둠이고 절망이라고 한다. 사측과 경찰은 김진숙의 최후의 생명선인 트위터까지 막았다. 그는 죄인이 아닌데, 현행범으로 끌려가도 유치장에 유치되기 전까지는 통신의 자유는 보장되는 세상인데, 그는 이래저래 저 세상 바깥에서 이쪽으로 돌아오지 못하고 있다.

모두가 나서서 '김진숙을 건들지 마라', '김진숙에게 빛을 돌려달라', '김진숙에게 트위터를 돌려달라'고 소리쳐야 한다. 웅성거리는 말들이 모여 거대한 말의 기둥이 되어, 곤봉이 되어 저 한가로운 청와대를, 정부청사를, 국회를, 법원을 뒤흔들어놓아야 한다.

세상에 새로운 버스 노선 하나가 생겼다고 한다. '희망버스 노선'이라고 한다. 이 노선의 시작은 절망이었지만, 그 끝은 희망이며, 승리이며, 행복일 것이다. 이 재미없고 험난한 세상에서 흔쾌히 이 버스에 올라준 모든 이들, 그리고 지켜보며 응원해주는 분들, 또 이 버스를 지키고 만들기 위해 헌신한 '깔깔깔'들에게 무한한 사랑의 마음을 전한다.

어머니의 희망버스

희망버스 건으로 수배 생활도 벌써 석 달여째, 한진중공업 문제는 풀릴 기미가 보이지 않아 그렇잖아도 잠을 잘 못 드는데 어젠 부스스 아침에 일어나 서글픈 이야기를 전해 들어야 했다.

아, 이소선 어머니가 돌아가셨다는 것이었다. 어디 남겨둔 술이라도 한잔 없나. 아침이건만 쓰고 독한 맛이 그리웠다. 이렇게 위대했던 한 세월이 저무는 것인가. 하나의 산맥이 무너지는 것인가. 하나의 들녘이 저무는 것인가. 하나의 장엄한 이야기가 흐트러지는 것인가.

이제 어디에서 전체 노동자들의 어머니를 만날 수 있을까. 이제 어디에서 그 꼼짝 못할 불호령을 들을 수 있을까.

생각해보니 미천한 나도 어머니의 품 안에서 잠깐씩 일을 거든 적이 있다. 전태일기념사업회에서 주관하는 전태일문학상 운영위원 일이 그것이었다. 고생하던 명환이 형, 한주 형을 도와서였다. 그 마당이 어딘 줄도 모르고 까불고 다니기도 했다.

구로동맹파업 20주년 기념사업을 제안하고는 전설 같은 청계피복노동조합 전사 선배들을 만나 그 뒷이야기들을 듣기도 했다. 벗인 오도엽이 근 2년을 기념사업회 사무실에서 어머니를 모시고 살며 넉살 좋게 양아들 역할을 하던 때 끼어 앉아 시간 가는 줄 모르고 어머니 이야기를 듣기도 했다.

작은집마냥 이야기되던 '박영진열사추모사업회' 일을 몇 년 따라하며 늘 어머니 근황을 전해 듣곤 했다. 2008년 기륭전자 비정규직 투쟁을 할 때엔, 힘들 때마다 어머니를 모시곤 했다.

기륭전자 분회장 김소연이 공장 옥상에 올라가 무기한 단식을 할 때, 득달같이 찾아오셔서 위험한 물건을 빨리 내놓으라며, 내놓지 않으면 돌아가지 않겠다고 눌러앉은 어머니를 보며 골목길 사이로 들어가 얼마나 내가 가슴을 쥐어뜯으며 울었는지 어머니는 아실까.

하지만 나는 어머니를 한 번도 따로 찾아뵙지 못했다. 고향의 내 어머니를 대하듯, 그렇게 언제나 든든하게 저 하늘에 계실 거라 생각했다. 우리 모두가 낱낱이 나뉘어 단결하지 못하고 흩어져도 늘 우리를 하나로 묶어주는 어머니가 계실 거라고 생각했다. 이 땅에는.

그런데 이제 그 어머니가 이세상을 떠났다고 한다. 청계피복 재단사들과 미싱사들, 그리고 시다들의 어머니였던 그분이 떠났다고 한다. 노동자들의 어머니를 넘어 만인의 어머니로 사셨던 그분이 떠났다고 한다. 한 가녀린 여인이 떠났다고 한다. 한 한 많은 인생이 떠났다고 한다.

나는 왠지 하나의 동산을 잃어버린 느낌이다. 하나의 달을 잃어버린 느낌이다. 간신히 부여잡고 왔던 하나의 시대를 잃어버린 느낌이다. 한동안 다시 빛이 없는 어둠 속을 걸어야 할 것이라는 아픈 생각이다.

시대의 어른들이 한두 분씩 가시지만 새로운 어른들은 잘 세워지지 않는 이 자본의 일상이, 이 온건한 폭압의 일상이 두렵다. 이제는 더 이상 노동자들의 벗이 아니지만 나도 한때 어머니의 자식이었다고 찾아오는 이들의 면면이 두렵다. 어제도 그제도 강정에서, 영도에서 거리에 차벽을 세우고, 물대포를 쏘고, 사람들을 짓밟아놓고, 버젓이 화환을 보내는 이명박 대통령과 그들의 하수인들과 불안한 동거를 해야 하는 이 시대가 두렵다.

하지만 우리는 어머니의 생을 기억한다. 어떤 억압에도 굴하지 않고, 어떤 탄압과 회유와 좌절스러운 현실에도 굴하지 않고, 투쟁하는 노동자민중의 편에 확고하게 서왔던 어머니의 삶을 기억한다. 진정한 어른들의 시대를 기억한다. 아름답고 존엄했던 인간들의 시간을 기억한다. 어떤 방패막이 없어도, 어떤 그늘이 없어도, 폭압의 뙤약볕을 두려워하지 않고, 스스로 자신의 삶의 주인이 되어가고, 어른들이 되어갔던 시대를 기억한다. 우리가 다시 그러해야 함을 기억한다. 더 아름답게 즐겁게 그 삶의 역사들을 이어나가야 한다는 것을 기억한다.

그런 어머니의 마지막 소망이 희망버스를 타고 영도를 가는 것이었다고 한다. 유가족인 전태삼 선생은 "어머니가 최근에 한 이야기 중 가장 기억에 남는 말이 무엇이냐"고 묻자 "어머니가 한진중공업 김진숙

씨에게 무슨 일이 있더라도 죽지 말라고 했던 이야기가 가장 기억에 남습니다"라며 "살아서 함께 비정규직 문제를 해결하자고 하셨는데……"라고 전했다고 한다.

  실제 어머니는 1차 때 이미 희망버스를 타려고 했지만 기념재단 실무자들이 건강을 염려해 만류했다. 주변을 나무라시며 2차 때는 꼭 갈란다 했지만 갑자기 쓰러지고 말았다. 전태삼 선생은 어머니가 중환자실에 있을 때 중간에 잠깐 의식이 들었을 때 이 말씀을 들었다고 한다.

  생각해보니 김진숙의 삶은 굳이 그런 비교가 필요 없지만 전태일 열사의 삶을 닮아도 많이 닮았다. 입학식날 교복이 없던 아이, 육성회비가 없어 쫓겨나던 아이, 형편이 안 돼 학교를 그만두고 열다섯 살에 가출한 소녀. 해운대 백사장을 돌며 행상을 했던 삶도 닮았고, 미싱공도 아닌 '시아게'로 일했던 삶이 닮았다. 화진여객 128번 버스 안내양을 했던 삶이 닮았다. 청계천의 시다들을 위해 빵을 사주고 자신은 걸어 집으로 가던 전태일의 마음을 닮았다. 배운 것 없지만 일기 쓰듯 꼬박꼬박 글을 썼던 그 마음의 결들이, 사람의 마음들이 닮았다. 정말 그러냐고? 다음 글을 보라.

    길쭉한 방은 열댓 명이 누워 자면 팔이 꼭 끼어, 잘 때는 팔에 지퍼를 달아 떼버렸으면 좋겠다는 생각을 날마다 할 정도로 비좁았다. 옆사람에게 짓눌려 팔이 저리고 어깨가 아파도 옆으로 돌아누우면 자리가 더 좁아져 다시는 바로 누울 수 없

다는 걸 알기 때문에 좀처럼 돌아눕는 어리석은 짓은 하지 않았다. (중략)

신발장도 방에 있었고, 세숫대야, 수건, 칫솔 등 젖은 물건으로 늘 축축하던 방에는 빈대가 들끓었고, 경상도, 전라도, 제주도 등 오사리 잡탕들이 모여 있던 그 방에는 애초 그들이 고향을 떠날 때 싸 들었던 보따리보다 더 컸을 청운의 꿈이 슬라브벽에 얼룩진 빈대 핏자국처럼 흔적만 얼룩덜룩 남기고 있었다.

아이들은 몸을 긁적이면서도 빈대가 득실거리는 담요를 서로 잡아당기며 짧고 고단한 청춘을 빈대에 피를 빨리듯 사그라뜨리고 있었다. (중략)

100원짜리 옥수수 식빵을 사다가 밤중에 이불을 덮어쓰고 쥐새끼처럼 빵을 파먹던 성자, 태숙이 들. 자면서도 "잘못했으예." 잠꼬대를 하며 흐느끼던 영숙이, 미순이, 상남이 들. (중략) 설날 보온밥통 선물을 들고 모처럼 뿌듯하게 찾아간 고향집 아랫목이 너무 따뜻하고 김치가 너무 맛있어서 휴가 지나고도 이틀을 더 눌러앉았다가 출근하자마자 유리성 안에서 뺨이 붓도록 얻어터지고 "엄마, 회사가 무섭다." 밤새 눈물로 편지를 써놓고는 부치지 못한 채 그 무서운 곳으로 날마다 향하던 어린 옥선이, 태자, 미숙이, 딸끔이 들.

결국 나는 그 아이들에게 아무것도 되어주지 못한 채, 내 스스로에게도 아무것도 되어주지 못한 채 짐가방보다 더 큰 설움과 두려움만 한보따리 안고 그곳을 나와 해운대 백사장의 아이스크림 장사, 신문 배달, 우유 배달 등으로 전전하게 된다.

_「그 시절의 이력서」(『소금꽃나무』) 중에서

사실 나는 윗글을 1997년에 만났다. 이 글을 만났을 때의 전율을 지금도 기억한다. 나는 잠깐 이게 전태일 열사의 일기인지, 김진숙이라는 한 여성노동자의 글인지를 분간할 수 없었다. 전태일문학상에 보내주었던 글이었는데, 어떤 까닭인지 뽑히지 않아 당시 만들고 있던 노동자생활문예지『삶이 보이는 창』창간호에 실었다.『소금꽃나무』는 제2의 전태일 평전이라고 해도 아무런 가감이 없다.

이소선 어머니가 꼭 희망버스를 타고 영도에 가려했던 마음을 조금은 이해할 수 있을 것이다. 꼭 살아서 투쟁하라고, 딴 맘 먹지 말고 잘 이겨서 건강하게 내려오라고, 이기지 못하더라도 김소연을 끌어내리려 하듯, 김진숙과 그 동료들을 끌어내리고 싶었을 것이다. 아직도 눈 뜨면 허공에 떠돌 자신의 아들 전태일을 이생으로 끌어내리고 싶듯, 어머니는 영도에 가서 김진숙과 그 동료들을 붙잡고 울고 싶었을 것이다.

어떤 게 어머니를 위하는 길인지는 모르겠다. 어떤 게 김진숙을 위하는 길인지는 모르겠다. 그러나 우리는 어머니의 마지막 소망이었던, 늘 그 길, 노동자민중들을 위하는 길밖에 없었던 어머니의 마지막 길을 원 없이 보내드리기 위해, 마지막 소원이었던 희망버스에 어머니의 고귀한 넋을 싣고, 부산 한진중공업 85호 크레인 앞으로 간다. 어머니가 더 나은 세상, 더 평등하고 평화로운 세상을 안겨 저세상으로 보내드리지 못한 이 죄송함을 담아 간다. 이 억울함을 담아 간다. 이 눈물들을 담아 간다.

우리가 꼭 김진숙과 그의 동료들을 살려 어머니의 걱정을 풀어드리겠다고, 우리가 어머니가 다녀가신 그 길을 이어 행복하고 아름다운 세상을 만들겠다는 다짐을 안고 간다. 이렇게 완강하고 건재한 시대의 투쟁들이 있으니, 이렇게 굳건한 연대의 마음들이 있으니, 이렇게 발랄한 시대의 상상력들이 있으니 걱정 마시고, 염려 놓으시고 훨훨 우리의 어머니 잘 가시라고, 하나의 시대여, 잘 가시라고 마지막 여행 보내드리려 간다.

어머니의 그 힘으로 지금 많이 외로운 저 85호 크레인 위의 다섯 명의 전태일들이 하루속히 우리의 품으로 돌아올 수 있기를 간절히 소망한다.

그날이 오면 나도 85호 크레인 사람들과 함께 맨 먼저 어머니의 묘소를 찾아뵙고, 어머니 생전에 그렇게 좋아하던 소주 한 잔과 담배 한 개비 올리고 싶다. 부끄러운 눈물 한 자락 올리고 싶다.

희망의 근거

김진숙 선배가 내려왔다고 한다. 309일 만이라고 한다. 자신의 벗인 김주익이 끝내 살아 내려오지 못한 그 절망의 크레인을 자신만은 두 발로 걸어 내려가겠다고 했던 사람. 내려가는 법을 까먹을까 봐 날마다 계단 내려오는 법을 연습한다던 사람. 쇠파이프와 볼트 한 자루를 꼭 껴안고 잔다던 사람. 크레인 위에서 치커리와 상추를 키워 먹던 사람. 바나나가 곤봉이 되고, 사과가 사과탄이 될 정도로 추운 겨울부터 다시 지금 겨울 초입까지를 혼자서 버텼던 사람. 몇 번은 뛰어내리겠다고 난간 위로도 올라간 사람.

열다섯 살에 가출해 신문 배달, 봉제 보조, 시내버스 안내양을 거쳐 한진중공업 최초의 여성용접공이 된 사람. 스물여섯 살에 해고되고, 대공분실 세 번 다녀오고, 감옥 두 번 살고, 5년 수배생활을 하다 보니 머리 희끗한 쉰셋의 나이가 되어 있더라는 사람. 한국근현대사 노동자민중의 수난사를 자신의 온몸에 빈틈없이 새겨 넣은 사람. 절망의 크레인 위에서도 이 평지에 사는 그 누구보다 밝고 활달하고 유머러스했던 사람.

그를 구하자고, 아니 생의 난간에 서 있는 우리 운명을 구하자고 '정리해고와 비정규직 없는 세상을 위한 희망버스'를 타고 떠났던 지난 반년, 참 많은 일이 있었다. 110여 명이 연행됐고, 200여 명이 소환 조사 중이고, 또 200여 명이 수사 대상이다. 폭염과 폭우와 여름휴가철을 넘겨야 했고, 6·27 노사 야합과 보수 언론의 총공세, 그리고 전국경제인연합회와 한국경영자총협회의 조직적 반발을 넘어야 했다. 부산 영도는 매번 재벌들의 사병이 된 100여 개 중대에 의해 원천봉쇄돼 무슨 봉건영주의 사유지처럼 갈 수 없는 섬이 되어버리곤 했다.

그 수많은 난관을 넘어 오늘 그가 내려왔다. 사실은 우리 모두의 운명이 조금 안전한 곳으로 내려온 것이라고 말할 수도 있겠다. 눈물겨운 일이 아닐 수 없다.

하지만 오늘 우리가 기억해야 할 것은 이제 더 이상 김진숙이 아니다. 그 아래에서 이름 없이 벗을 함께 지키던 박성호와 박영제와 정홍형과 한진중공업 정리해고 노동자들만이 아니다. 한진중공업 정리해고 문제에 함께하며 받았던 가슴 아픈 질문 중 하나는 그곳에서 일하는 수천 명에 이르는 비정규직 노동자와 한진이 세운 필리핀 수비크 조선소에서 일하는 2만 2천여 명의 비정규직 노동자에게, 그들 정리해고자가 정규직일 때, 힘 있는 노조를 가지고 있을 때 어떻게 해왔는가라는 뼈아픈 질문이었다. 그래서 자신은 한진으로 향하는 희망버스를 타지 않겠다고 한 이들도 있었다.

그래서 김진숙이 우리 곁으로 돌아온 오늘 우리가 떠올려야 할 것은, 지금도 처음의 김진숙이 그랬듯 고립된 채로 싸우고 있는 재능교육 특수고용 노동자들이고, 5년째 투쟁 중인 콜트-콜텍의 기타 만드는 노동자들이고, 다시 잘려나가고 있는 유성기업 노동자들이고, 한진 교섭이 급물살을 탈 때 다시 열여덟 번째 희생자가 나온 쌍용자동차 정리해고자들이고, 그들보다 잘 안 알려진 채 싸우는 무수한 이 땅 민중의 고단한 얼굴들이다. 그리고 실제 그들이 누구보다 열심히 김진숙과 희망버스를 지켜왔다. 그런 우리 모두의 일그러진 얼굴을, 이 시대의 어둠을 생각해보는, 그 속에서 한 줄기 희망의 빛을 찾아보는 오늘이 되었으면 좋겠다.

실시간으로 뜨는 기사를 보니, 여러 국회의원과 유명인이 실제 한진 문제 해결의 주역인 것처럼 회자된다. 참 유머러스하고 안타까운 일이다. 누구보다 이 과정에서 열심히 했던 한 친구는 "마음이 울적한데, 왜 그런지 모르겠어요"라고 문자를 보내왔다. 그는 아마 이제 다시 우리가 넘어야 할 벽을 아프게 바라보고 있을 것이다. 김진숙이 내려오기까지 어떤 이들의 순박한 노고가 있었는지, 어떤 뜨거운 눈물의 바다가 있었는지 우리는 잘 알지만 말하지 않는다. 그 마음들이 다시 희망의 근거가 될 것이다. 이제 다시는 누구라도 혼자 외로운 고공으로 오르지 않아도 되게 만인의 연대가 굳건한 그런 세상이 그립다. 희망버스 시즌2에서 우리 다시 만나자. 1편보다 더 아름다운 2편이 나오리라.

꿈꾸는 자 잡혀간다

2011년 12월 12일 1판 1쇄 펴냄
2017년 5월 19일 1판 6쇄 펴냄

지은이	송경동
펴낸이	윤한룡
편집	이연희
디자인	윤려하
사진	노순택, 정택용
관리 · 영업	조은하

펴낸곳	(주)실천문학
등록	10-1221호.(1995.10.26.)
주소	서울특별시 성북구 보문로 82-3, 801호 (보문동 4가, 통광빌딩)
전화	322-2161~5
팩스	322-2166
홈페이지	www.silcheon.com

ⓒ 송경동, 2011

ISBN 978-89-392-0668-7 03810

이 책은 한국문화예술위원회의 문예진흥기금을 받았습니다.
이 책 내용의 전부 또는 일부를 재사용하려면
반드시 저작권자와 실천문학사 양측의 동의를 받아야 합니다.

이 도서의 국립중앙도서관 출판시도서목록(CIP)은
e-CIP홈페이지(http://www.nl.go.kr/ecip)와
국가자료공동목록시스템(http://www.nl.go.kr/kolisnet)에서 이용하실 수 있습니다.
(CIP제어번호:CIP2011005249)